Das Rechtsverhältnis zwischen Komponist und Librettist

Eine urheberrechtliche Studie

von

Dr. Armin Gebhardt

Berlin 1954

Walter de Gruyter & Co.

vormals G. J. Göschen'sche Verlagshandlung · J. Guttentag, Verlagsbuchhandlung
Georg Reimer · Karl J. Trübner · Veit & Comp.

Archiv-Nr. 27 05 54

Satz: Walter de Gruyter & Co., Berlin W 35

Druck: Berliner Buchdruckerei Union G. m. b. H. Berlin SW 29

Herrn Professor

Dr. jur. Hans Otto de Boor

in dankbarer Verehrung

gewidmet

Inhaltsverzeichnis

Literaturverzeichnis

Allfeld: Das Urheberrecht an Werken der Literatur und der Tonkunst. Komm. 2. Aufl. München 1928.

Astor: Das literarische und artistische Miturheberrecht. Diss. Leipzig 1904.

Behn: Die Gemeinschaft nach Bruchteilen. Diss. Waren 1900.

Bock: Das Aufführungsrecht an dramatischen und musikalischen Werken. Diss. Leipzig 1906.

de Boor: Urheberrecht und Verlagsrecht. Stuttgart 1917 (zit. de Boor I).

de Boor: Vom Wesen des Urheberrechts. Kritische Bemerkungen zum Entwurf eines Gesetzes über das Urheberrecht an Werken der Literatur, der Kunst und der Photographie. Marburg 1933. Nr. 66 der „Arbeiten zum Handels-, Gewerbe- und Landwirtschaftsrecht"; herausgegeb. v. Heymann (zit. de Boor II).

Cohn: Das Tonwerk im Rechtssinne. Diss. Berlin 1917.

Daude: Die Reichsgesetze über das Urheberrecht an Werken der Literatur und der Tonkunst und das Verlagsrecht. Komm. Berlin 1910.

Düringer-Hachenburg: Das Handelsgesetzbuch Bd. II/1. Komm. 3. Aufl. 1932.

Elster: Die Verwertung von Urheberrechten im Tonfilm und aus dem Tonfilm. In „Gewerblicher Rechtsschutz und Urheberrecht", Bd. 41 Jhrg. 1936/S. 459.

Endemann: Das Gesetz betreffend das Urheberrecht an Schriftwerken, Abbildungen, musikalischen Kompositionen und dramatischen Werken v. 11. Juni 1870. Komm. Berlin 1871.

Erlanger: Miturheberrecht an Schrift-, Ton- und Bildwerken. Diss. Tübingen 1927 (zit. Erlanger I).

Erlanger: Probleme des Miturheberrechtes. In Ufita VI 1933/S. 16ff. (zit. Erlanger II).

Freiesleben: Recht und Tonkunst. Leipzig 1914.

Gierke: Deutsches Privatrecht I. Teil. Leipzig 1895.

Glasunoff: Memorandum v. 1943. Paris. Abgedruckt in der Schweizerischen Musikzeitung Jhrg. 1944 Nr. 11, S. 392ff.

Goldbaum: Urheberrecht und Urhebervertragsrecht. Komm. Berlin 1927.

Haupt: Gesellschaftsrecht. 3. Aufl. Tübingen 1944. In „Grundrisse des deutschen Rechtes", herausggb. von Stoll-Lange (zit. Haupt I).

Haupt: „Über faktische Vertragsverhältnisse". Festschrift der Leipziger Juristenfalkutät für Siber. — Heft 124 der Leipziger rechtswissenschaftlichen Studien. 1943. (zit. Haupt II).

Hillig: in JW 1928 II/1233. Besprechung des Kammergerichtsurteils vom 23. 2. 1928.

Hirschberg: Das Miturheberrecht. Diss. 1901.

E. T. A. Hoffmann: „Der Dichter und der Komponist". Aus den „Serapionsbrüdern". Teil I, Nr. 4 von Hempels Klassiker-Ausgabe.

Hoffmann: Zur Konkurrenz von literarischem und musikalischem Urheberrecht Bd. 16 Jhrg. 1911, S. 270ff. (zit. Hoffmann I).
Hoffmann: Die Berner Übereinkunft zum Schutze von Werken der Literatur und Kunst v. 9. 9. 1886, revidiert in Berlin am 13. 11. 1908 und in Rom am 2. 6. 1928. Mit Einleitung und Erläuterungen. Berlin 1935. (zit. Hoffmann II).
Kahn: Die Zwangsvollstreckung in das literarische und artistische Urheberrecht. Berlin und Leipzig 1908. Heft 2 der „Zivilprozeßrechtlichen Forschungen", herausgegb. von Schmidt.
Kohler: Das Autorrecht. Jena 1880. (zit. Kohler I).
Kohler: Die Idee des geistigen Eigentums. Im Archiv für die zivilistische Praxis Bd. 82 Jhrg. 1894, S. 141ff. (zit. Kohler II).
Kohler: Autorrechtliche Studien. Im Archiv für die zivilistische Praxis Bd. 85 Jhrg. 1896, S. 339ff. (zit. Kohler III).
Kohler: Urheberrecht an Schriftwerken und Verlagsrecht. Stuttgart 1907. (zit. Kohler IV).
Kuhlenbeck: Das Urheberrecht und das Verlagsrecht. Leipzig 1901.
Lindemann: Gesetz, betreffend Urheberrecht an Werken der Literatur und der Tonkunst. 3. Aufl. Komm. Berlin 1910.
Marwitz-Möhring: Das Urheberrecht an Werken der Literatur und der Tonkunst in Deutschland. Komm. Berlin 1929.
Mitteis: Zur Kenntnis der literarisch-artistischen Urheberrechte nach dem österreichischen Gesetz vom 26. 12. 1895. Festschrift für Unger, S. 89ff. Stuttgart 1898.
Müller: Das Wesen der Gesellschaft und Gemeinschaft. Diss. Halle 1904.
Opet: Beiträge zur Kritik eines Entwurfes eines Gesetzes betreffend das Urheberrecht an Werken der Literatur und der Tonkunst. Im Archiv für die zivilistische Praxis Bd. 90 S. 127ff.
Petzl: Die Behandlung der literarisch-musikalischen Werke. München und Berlin 1911.
Pfitzner: Zur Grundfrage der Operndichtung. In „Gesammelte Schriften", Bd. II, S. 7ff. Augsburg 1926.
Planck: 14. Titel über „Gesellschaft" und 15. Titel über „Gemeinschaft" des Komm. zum BGB, 1./2. Aufl. Berlin 1900.
Riezler: Deutsches Urheber- und Erfinderrecht. München und Berlin 1909.
Saenger: „Gemeinschaft und Rechtsteilung". Marburg 1913. Nr. 19 der „Arbeiten zum Handels-, Gewerbe- und Landwirtschaftsrecht", herausggb. von Heymann.
Schreyer: Literarisches und künstlerisches Miturheberrecht. Diss. Leipzig 1910.
Schuster: Das Urheberrecht der Tonkunst. München 1891.
Siber: Das Verwaltungsrecht an fremdem Vermögen im deutschen BGB. — Iherings Jhrb. Bd. 67 Jahrg. 1917, S. 81ff.
Staudinger: Komm. zum BGB, Bd. II, 3. 9. Aufl. 1929.
Stobbe: Handbuch des deutschen Privatrechtes, III. Band. 2. Aufl. Berlin 1885.
Strauss: Briefwechsel mit Hoffmannsthal. Berlin-Wien-Leipzig 1926.
Voigtländer-Elster: Gesetz über das Urheberrecht. Komm. 3. Aufl. Berlin 1942.
Wächter: Das Autorrecht. Stuttgart 1875.
Wagner: „Oper und Drama". In III./IV. Band der Sämtlichen Schriften und Dichtungen. Volksausgabe Leipzig, Breitkopf & Härtel, 6. Aufl.
Weigert: Besprechung des Urteils des Bühnenoberschiedsgerichtes in Ufita I Jhrg. 1928, S. 695ff.
Würdinger: Gesellschaften, I. Teil. Hamburg 1937.

Amtliche Materialien

Entwurf II betr. das Urheberrecht an Werken der Literatur und Tonkunst. Reichstagsdrucksache 10. Legislaturperiode, II. Session 1900/1901 Nr. 97. Begründung S. 11ff. (zit. E 1901).

Bericht der XI. Kommission über den Entwurf eines Gesetzes betr. das Urheberrecht. Reichstagsdrucksache 10. Legislaturperiode, II. Session 1900/1901 Nr. 214.

Entwurf eines Gesetzes über das Urheberrecht an Werken der Literatur, der Kunst und der Photographie mit Begründung. Veröffentlicht durch das Reichsjustizministerium Berlin 1932 (zit. E 1932).

Rechtsprechung des Reichsgerichtes in Zivilsachen. Entscheidungen RG 56/209, 57/435, 60/128, 67/84, 71/95, 78/305, 81/305, 89/335, 108/64, 112/283, 140/231.

Reichsgericht in Juristischer Wochenschrift (JW) 1908/52, 1908/390.

Kammergericht in Juristischer Wochenschrift (JW) 1928 II/1233. Urteil vom 22. 2. 1928.

Kammergericht vom 5. 8. 1937 in Ufita XI (Jhrg. 1938), S. 281ff.

Droit d'auteur vgl. unter Rubriken „Jurisprudence" die Sammlungen von Urheberrechtsentscheidungen der angeschlossenen Verbandsländer.
Insbesondere:

1. Tribunal de Milan du 12. 3. 1891 in Jhrg. 1891, S. 71.
2. Cour d'appel de Paris, 4e Ch. Audience du 9. 12. 05 in Jhrg. 1906, S. 89.
3. Tribunal civil de Marseille du 25. 6. 1913 in Jhrg. 1914, S. 15.
4. Tribunal civil de la Seine du 24. 6. 1914 in Jhrg. 1915, S. 129, 130.
5. Cour suprême de cassation Autriche, Audience de 7. 8. 1916 in Jhrg. 1918, S. 28.
6. Palais juridice du Lüttich, 2. Canton, du 3. 11. 1924 in Jhrg. 1925, S. 92, 93.
7. France, Cour de cassation du 7. 4. 1925 in Jhrg. 1926, S. 20.

dazu Jhrg.
1896, S. 84, 1925, S. 104, 1929, S. 101, 1931, S. 103.

I. Das vom Komponisten und Librettisten geschaffene musikdramatische Werk

§ 1
Geschichtliche Entwicklung der Rechtsbeziehungen zwischen Komponist und Librettist

Das Urheberrecht ist einer der jüngsten Zweige des deutschen Rechtes. Seinen Ausgang nahm es erst mit der Erfindung der Buchdruckerkunst; vorher war eine Vervielfältigung und Verbreitung allein durch Abschrift des Manuskriptes möglich, und nur der dadurch erzielte Verkaufspreis kam dem Verfasser zugute. Konnte demzufolge im römischen Recht ein Schutz des Urheberrechtes nicht vorgesehen sein, so blieb er auch auf Jahrhunderte seit Gutenbergs Erfindung hinaus höchst mangelhaft und verkümmerte mehr oder weniger im Schatten des monopolisierten Verlegerschutzwesens. Erst im preußischen Gesetz vom 11. 6. 1837 wird ein vom Verleger unabhängiger Schutz zugunsten des Urhebers gewährt. Die Beschlüsse des Deutschen Bundes führten sodann zunächst die Schutzdauer ein (v. 9. 11. 1837), die erst 10 Jahre seit der Veröffentlichung des Werkes betrug, später (v. 19. 6. 1845), auf 30 Jahre vom Tode des Urhebers an erweitert wurde. Auch auf musikdramatische Werke wurde der Schutz ausgedehnt, anfangs (v. 22. 4. 1841) nur auf noch unveröffentlichte, sodann (v. 12. 3. 1857) auch auf bereits veröffentlichte Werke, soweit bei der Veröffentlichung vorbehalten.

Für die Entwicklung des deutschen Urheberrechtes bedeutete die Kleinstaaterei ein weiteres Hemmnis, wohingegen beispielsweise Frankreich bereits seit der Zeit seiner ersten Revolution (vgl. Gesetz v. 19./24. 7. 1793) den Autorenschutz gesetzlich geregelt hatte. Kein Wunder, wenn das Recht für einen Spezialzweig wie das musikdramatische Werk erst im Lauf des 19. Jahrhunderts, und auch da nur in den Einzelstaaten ganz selten und unvollkommen anzutreffen ist. Auffällig wirkt dabei die dominierende Stellung des Komponisten. Nach § 16 des Sächsischen Gesetzes vom 27. 7. 1846 war der Komponist dem Theaterleiter gegenüber als verfügungsberechtigt über seine Musik sowie den dazugehörigen Text zu betrachten (vgl. § 28 II LitUG). Gemäß § 7 des Österreichischen Gesetzes v. 19. 10. 1846 durfte der Komponist seine Musik zusammen mit dem Libretto drucken lassen und die eventuellen Erträgnisse daraus für sich kassieren (vgl. § 20 LitUG). Diese Bestimmungen kehrten beide — etwas verändert — im Bayrischen Gesetz v. 28. 6. 1865 wieder; auch hier durfte der Komponist den Text mit abdrucken lassen (Art. 25), allerdings mußte das Libretto schon vorher veröffentlicht sein; der Schutz der Geheimsphäre wurde damit berücksichtigt. Zur Bühnenaufführung genügte auch hier (Art. 44) die Einwilligung des Komponisten.

Das Jahr 1871 brachte dann die erste reichseinheitliche Regelung; das Urhebergesetz des Norddeutschen Bundes vom 11. 6. 1870 wurde in allen deutschen Staaten eingeführt. Die Ähnlichkeit mit bem Bayrischen Gesetz von 1865 ist auffallend auch hinsichtlich der unvollkommenen Festlegung des urheberrechtlichen Verhältnisses Komponist-Librettist. In den Motiven wollte man auch hier gegenüber der Literatur „der Musik ihre Freiheit sichern"; also wieder Gestattung des Textabdruckes zugleich mit der Komposition. Aber § 48 II bringt insofern eine Neuerung, als für Texte, „welche ihrem Wesen nach für den Zweck der Komposition Bedeutung haben, namentlich für Texte zu Opern oder Oratorien", auch der Librettist die Druckerlaubnis erteilen muß. § 51 II erschien dagegen nur als eine Wiederholung des bayrischen Art. 44: Die Erteilung des Aufführungsrechtes verblieb dem Komponisten.

Eine Bestimmung, die klar und zweifelsfrei die Beziehungen zwischen Komponisten und Librettisten, ja überhaupt zwischen Miturhebern geregelt hätte, blieb dem Gesetz von 1870 versagt. Die Wissenschaft griff ein, um die Lücke wenigstens theoretisch bis zu einem gewissen Grad zu schließen. Es zeigte sich dabei, daß man sich mit der Frage auseinandersetzen mußte, ob sich das musikdramatische Werk als ein Einheitswerk oder als Verbindung von zwei gesonderten Teilwerken darstellt. Wächter[1]) entschied sich für die erste Alternative, allerdings — eine tiefgreifende Erkenntnis, wie noch darzulegen sein wird (vgl. § 4a) — unter der Voraussetzung, daß der Text mit „Rücksicht auf die Komposition verfaßt" ist. Auch Kohler[2]) erkennt die Oper als Gesamtwerk an, stellt aber — verständlich vom Standpunkt seiner Immaterialgutstheorie aus — sogleich die Frage, ob sich die Teile der Oper auch separat verwerten lassen. Er bejaht daher auch den einzelnen Teil als selbständiges Ganzes, sieht ihn dementsprechend als Vermögensstück des einzelnen Urhebers an, negiert aber dessen Benutzung zugunsten des ganzen Werkes, insoweit die Zusammenarbeit der Autoren eine über die partielle Benutzung hinausgehende Gesamtbenutzung bezweckt. Zu ähnlichem Ergebnis kam Gierke[3]), der in konsequenter Durchführung seiner Persönlichkeitsrechtstheorie die Verschmelzung der Individualitäten von Komponist und Librettist anerkannte und dabei die Miturheberschaft bei Werken mit „unterscheidbaren Bestandteilen", wie z. B. Wort und Ton bei der Oper, der Miturheber-

[1]) S. 300 [2]) I S. 206. [3]) S. 783 Anm. 70.

schaft bei Werken, die aus den gleichen Bestandteilen (z. B. innerhalb einer Dichtung oder innerhalb einer Komposition) bestehen, gleichstellte. Ohne Unterschied konstatierte er in jedem dieser Fälle für das ganze Werk Urheberrecht zur gesamten Hand, für die einzelnen Werkteile gesondertes Urheberrecht. Für Mitteis[4]) dagegen ist die Tatsache der äußerlichen Scheidung der Arbeitsleistungen allein ausschlaggebend. Ob das musikdramatische Werk ohne Einvernehmen oder im Einverständnis der Urheber geschaffen ist, bleibt sich seiner Meinung nach gleich: jeder hat nur an seinem Teil ein gesondertes, selbständiges Urheberrecht. Die österreichische Praxis hat sich Mitteis angeschlossen, vgl. Urteil des obersten Gerichtshofes in Wien v. 7. 2. 1916[5]), das für ein Gesangsstück nicht Miturheberrecht annimmt, da es von seinen Autoren getrennt und unabhängig voneinander geschaffen sei.

Dabei ist das österreichische Gesetz noch so gefaßt (vgl. Art. 7 und 8), daß eine Ausdeutung des Verhältnisses Komponist-Librettist sowohl nach der Seite der Miturheberschaft wie nach der der gesonderten Urheberschaft hin möglich ist. Ähnliche Bestimmungen sind in den ausländischen Urhebergesetzen bis 1900 nur noch für Guatemala (Art. 12) und Japan (Art. 13) anzutreffen, während Spanien (Art. 23), Monaco und Costarica (Art. 34) streng sondern; lediglich Belgien scheint in Anlehnung an die französische Praxis Miturheberschaft angenommen zu haben (Art. 6), desgleichen Luxemburg (Art. 6).

Das LitUG vom 19. 6. 1901 brachte endlich eine Bestimmung für das zwischen Komponist und Librettist bestehende Verhältnis in seinem § 5: verbundene Teilwerke, gesondertes Einzelurheberrecht. Die von Kohler wie von Gierke geforderte Berücksichtigung des Gesamtwerkes wurde glattweg negiert. Für die Richtigkeit der Vorschrift wurde amtlicherseits eine recht dürftige Argumentation ins Feld geführt, in den Motiven[6]) wie in der Begründung zum Entwurf[7]): der Komponist könne seine Partitur sonst nicht ohne Zustimmung des Librettisten in Verlag geben; leider sei dadurch eine unterschiedliche Schutzdauer für Musik und Text unvermeidlich.

Wäre aber nicht wenigstens neben den Sonderrechten eine Anerkennung des Gesamtwerkes durchführbar gewesen? Opet[8]) führte damals in seiner Kritik an, daß für eine rechtliche Bevorzugung des Komponisten (vgl. §§ 20, 28 II LitUG) „überzeugende Gründe noch nie geltend gemacht worden seien". Sollte dieser Hinweis zur Aufrechterhaltung des § 5 LitUG in der Kommissionsberatung — § 5 wurde ohne Widerspruch angenommen[9]) — unter Umständen wenigstens insofern beigetragen haben, daß man — abgesehen von den §§ 20, 28, II LitUG — jetzt beide Autoren rechtlich vollkommen gleichstellen wollte, daß man damit die das gesamte 19. Jahrhundert und vorher hindurch

[4]) S. 167 [5]) Droit d'auteur Jhrg. 1918 Nr. 2 S. 22.
[6]) abgedruckt bei Kuhlenbeck S. 87. [7]) E 1901 S. 16. [8]) S. 143.
[9]) Bericht der XI. Kommission S. 6.

geübte Zurücksetzung des Librettisten in jeder Hinsicht beseitigen wollte? Es erhebt sich nun die weitere Frage, ob es gerechtfertigt ist, in der Bestimmung des § 5 LitUG nicht nur eine Neuerung, sondern auch einen Fortschritt zu sehen, ob sich auf seine Existenz angemessene Ergebnisse gründen lassen, vor allem inwieweit er die deutsche Rechtswissenschaft zur Stellungnahme veranlaßte und die ausländische Urheberrechtssetzung etwa seit der Jahrhundertwende beeinflußte.

In der Mehrheit der Fälle wird der Regelung des § 5 LitUG, derzufolge es sich bei der Oper um zwei gesonderte Werke (Mehrurheberschaft), also um kein in Miturheberschaft entstandenes Einheitswerk handelt, zugestimmt. Allerdings erhob man verschiedene Einwände: daß doch „das einzelne Werk seine konkrete Gestalt nur mit Rücksicht auf die Verbindung erhalten" habe[10]); daß „durch die Vereinigung von Musik und Text ein neuer künstlerischer Gedanke zum Ausdruck gebracht" sei und somit „in der Oper eine formale Einheit" vorliege[11]); daß Wort und Musik auf Grund des gleichen Rhythmusses und ihrer „dynamisch-symbolischen" Einheit gemeinsame Gefühle erregen könnten und somit auch zu einer einheitlichen Wirkung auf den Menschen fähig seien[12]); obwohl die Ergebnisse des gemeinsamen Schaffens eine untrennbare Einheit bildeten, sei die Untrennbarkeit jedoch nicht „ästhetisch und werkgemäß" aufzufassen[13]). In anderen Fällen wird unbedingt zugestimmt[14]), teils unter Heranziehung der Motive und der Entwurfsbegründung[15]), teils in Verkennung des Einheitswerkes und seiner rechtlichen Bedeutung[16]). Auch das RG (67/84 in JW 1908/52, 71/95) hat sich vorbehaltlos zur Anwendung des § 5 LitUG bekannt: „für jedes dieser Werke gilt sein Verfasser auch nach der Verbindung als Urheber"; ebenso KG (in JW 1928 II/1234).

Petzl[17]) sieht in der Verbindung der Urheber eine künstlerische, eine höhere Einheit; das Gesamtwerk sei nicht zu leugnen. Aus der Erwägung heraus, daß durch „willkürliche Akte eines Autors die zweifellos vorhandenen Interessen am Gesamtwerk geschädigt werden" könnten, will er die Fassung des § 5 LitUG um eine zusätzliche Bestimmung ergänzt wissen, die neben den Sonderurheberrechten ein sich über das Gesamtwerk erstreckendes Miturheberrecht festlegt; damit kommt er zu der in sich differenzierten Gierkeschen Lösung[18]).

§ 5 LitUG ist aber verschiedentlich auch direkt bekämpft worden. Die musikdramatische Eigenschaft eines Werkes sei eine demselben „inhärente" und hafte dessen Teilen auch nach der Loslösung vom Ganzen an[19]); daher leide das in § 5 aufgestellte Trennungsprinzip an

---

[10]) Allfeld S. 82 zu § 5 Ziff. 1; vgl. auch RG in JW 1908/52.
[11]) Hirschberg S. 11. [12]) Schreyer S. 26, 43.
[13]) Voigtländer-Elster S. 95 zu § 6 Nr. 3 im Hinblick auf das der Oper gleichgestellte Oratorium. [14]) Astor S. 27, 60.
[15]) Marwitz-Möhring S. 56. [16]) Daude S. 19. [17]) S. 18, 51.
[18]) S. 48, 49, 53. [19]) Bock S. 35.

einer Überspannung[20]). „Komponist und Librettist wollten etwas aufgeben, um mehr zu erreichen; sie verzichteten auf ein Sonderrecht, um ein Recht am ganzen zu erwerben". Sie wollten „ein Werk" schaffen und an diesem Werk wollten sie ihre Rechte haben, gemeinsame Rechte, und zwar jeder aufs Ganze zusammen mit dem Anderen. Sie seien berechtigt zur gesamten Hand. Opernmusik ohne Text, ohne den Impuls der Handlung stelle kein Werk dar, ebensowenig Text ohne Musik. Nur gemeinschaftlich würden beide aufgenommen[21]). Aus der Absicht der Schaffung eines einheitlichen Werkes heraus erkläre es sich, daß der Operntext oft nur zusammen mit der Musik seine Bedeutung habe. Die „zu einem Gesamtwerk verschmolzenen Bestandteile" könnten unmöglich für sich selbständig sein[22]). Goldbaum und Hoffmann verankerten ihre Ansicht außerdem in ihren Gesetzentwürfen[23]).

Auffälligerweise schweigen sich die beiden anderen gleichzeitigen Gesetzentwürfe von Elster und von Marwitz[24]) über den umstrittenen Punkt aus. Zwar wäre der Rechtsanwendung damit nicht viel geholfen, denn der Fortschritt darf nicht durch bloßes Ignorieren des § 5 geltenden Rechts, sondern muß über ihn hinaus erzielt werden. Aber man fühlt sich augenscheinlich bei dem Gedanken der nebeneinander bestehenden Sonderurheberrechte betr. das Opernwerk nicht mehr so sicher wie im Jahre 1900/1901.

Eine Normierung, in dem Sinne, daß sich die Anwendung vom Gesamturheberrecht (vgl. § 6 LitUG) oder gesonderten Urheberrechten (vgl. § 5 LitUG) auf das musikdramatische Werk nur von Fall zu Fall bestimmen lasse, war nicht zuletzt auch auf die ausländische Urhebergesetzgebung seit der Jahrhundertwende zurückzuführen. Bestimmungen ähnlicher Fassung sind anzutreffen in Bulgarien (Art. 15), Rumänien (Art. 35 I), Chile (Art. 3), Nicaragua (Art. 745 — 747), Liechtenstein (Art. 7), UdSSR (Ziff 5), Mexico (Art. 1195, 1197) und Norwegen (§ 8). Während sich aber nur Island (Art. 6, 7), Polen (Art. 8 II) und Dänemark (§ 7 I, II) nach der — man ist versucht zu sagen: Gierkeschen Lösung — ausrichten, mithin Teil- und Totalurheberrecht nebeneinander zur Anwendung gelangen lassen, sind acht Staaten für streng gesonderte Rechte eingetreten: Brasilien (Art. 655), Schweden (§ 6), Italien (vgl. auch zum vorhergehenden Ital. Gesetz die Entscheidung in Droit d'auteur 1896 Nr. 6 S. 84), Tschechoslowakei (§ 11 II), Portugal (Art. 30), Finnland (§ 15), Venezuela (Art. 8, 158) und Argentinien (Art. 18). Man wird annehmen können, daß sich hierbei die Fassung des § 5 LitUG bei der überragenden Geltung des deutschen Opernschaffens irgendwie ausgewirkt hat und zum Vorbild genommen

---

20) Hoffmann I S. 276. 21) Goldbaum S. 56 zu § 51.
22) Hillig in JW 1928 II, 1233 zu 2.
23) Ufita II (1929), 185 § 6 S. 2 und 659, § 5 III.
24) Ufita II (1929), 653 zu § 3 und 670 zu § 7

worden ist. Nur die Schweiz (Art. 7) und Uruguay (Art. 28) nehmen Miturheberrecht an.

Eine erfreuliche Erscheinung ist diese international verschiedenartige Autorenbehandlung gewiß nicht. Die in Berlin und Rom revidierte Berner Übereinkunft hat aber der Gesetzgebung der einzelnen Verbandsländer die Annahme von Miturheberschaft überlassen[25]). Daran wird auch für die nächste Zukunft nichts zu ändern sein. Doch scheint die allgemeine Tendenz auf eine Schwächung des Trennungsprinzipes hinauszulaufen. Beispielsweise der amtliche deutsche Gesetzentwurf von 1932 lautet in § 8 III: „die Verbindung von Werken verschiedener Art, wie die eines Werkes der Tonkunst mit einem Werke der Literatur.... begründet an sich keine Miturheberschaft". Also wieder § 5 LitUG? Die Begründung[26]) negiert den Zweck des gemeinsamen Schaffens, ebenso die gemeinsame Beeinflussung. Der Komponist kann also nie Miturheber des Librettos, der Librettist nie Miturheber der Partitur werden. Die Begründung ist unzulänglich; sie ist am Äußerlichen hängen geblieben, was noch eingehender darzulegen sein wird. Was bedeutet aber dieses „an sich"? Bezieht es sich auf die von der Wissenschaft ausnahmslos eingeräumte Möglichkeit, daß Komponist und Librettist z. B. nur den Text untrennbar gemeinsam verfaßt haben, und daß nun hinsichtlich des Textes Miturheberschaft im Sinne von § 6 LitUG (bzw. § 8 I des Entwurfes) vorliegen soll? Oder steckt mehr hinter jenem „an sich"? Es scheint, als ob das Gesamtkunstwerk Richard Wagners, das erst im Verlauf des 20. Jahrhunderts zur vollen Wirkung gelangt ist, doch eine gewisse Unsicherheit an dieser Stelle in der Gesetzgebung hervorgerufen hat. Österreich[27]) hat jene Fassung unverändert übernommen.

Ein Staat ist bisher bewußt nicht angeführt worden: Frankreich. Dort gibt es ein Urheberrecht seit etwa 150 Jahren; ein einheitliches Urhebergesetz ist aber allenfalls nur in dem vom 1793 zu sehen. Verschiedene Teilgesetze und Spezialdekrete, vor allem aber die Gerichtspraxis füllen die Lücke. Die französischen Gerichtshöfe haben mehrfach[28]) zu der Frage der Miturheberschaft der Autoren am musikdramatischen Gesamtwerk Stellung genommen und sie ausschließlich bejaht. Da finden sich Wendungen wie — etwa sinngemäß —: „Textbuch und Musik bilden ein einheitliches und unteilbares Werk; diese Unteilbarkeit behält das Werk in seinen intellektuellen wie materiellen Bestandteilen". Der „Text ist unauflöslich mit der Musik verbunden, die ihm angepaßt ist". Die Oper „stellt nicht zwei getrennte Werke dar, von denen eines vom anderen unabhängig ist, sondern ein Werk, dessen Eigentümlichkeit unteilbar jedem Mitarbeiter gehört". „„Dieses ist entstanden unter einer gemeinsanem Inspiration".

---

[25]) vgl. Hoffmann II S. 138. [26]) S. 41.

[27]) Vgl. § 11 III des Urheberrechtsgesetzes vom 9. 4. 1936.

[28]) Droit d'auteur in 1906/89, 1914/15, 1915/130, 1918/20, 1925/104, 1926/20.

Von entscheidender Bedeutung sind dann die in jedem der Fälle gleichen rechtlichen Folgerungen: Gesamthänderische Gebundenheit. Komponist und Librettist üben ihr Miturheberrecht nicht nur hinsichtlich des Gesamten, sondern jeder zugleich hinsichtlich jeden Teiles aus. Beachtenswert ist dabei die feststehende Rechtsprechung, die der Natur der Sache gemäß Ausnahmen lediglich für Schauspielmusiken, Gesangspossen, Melodramen usw. zuläßt; dann liegt aber ein „drammatico-musical oevre" in dem Sinne auch nicht vor. Die nordamerikanische Praxis scheint sich der französischen angeschlossen zu haben[29]).

Die Betrachtung der geschichtlichen Entwicklung in ihren Grundzügen hat gezeigt, daß die rechtliche Wertung des musikdramatischen Werkes doch irgendwie Schwierigkeiten bereitet hat und bereitet. Eine Fülle von Möglichkeiten in Theorie und Praxis! Es können ja nur verschiedene Hauptgruppen, soweit erfaßbar, herauskristallisiert werden, während sich innerhalb derselben wiederum verschiedenartige Varianten bilden. Eine Untersuchung des musikdramatischen Werkes, zunächst in ästhetischer Hinsicht, ist daher notwendig, um auf die Beziehungen zwischen Komponist und Librettist und die sich unter ihnen ergebenden besonderen Interessenkonflikte folgern zu können.

§ 2

Die Beziehungen zwischen Komponist und Librettist als ästhetisches Problem

Sie sind als unerläßliche Voraussetzung für eine juristische Wertung in ihren entscheidenden Entwicklungsetappen hier kurz aufzuzeigen.

In den Ausführungen ist überdies vom „Librettisten" die Rede im Gegensatz zu dem gebräuchlicheren Ausdruck „Textdichter", da zu Chansons, Couplets, Madrigalen, Motetten, Chören usw. keine Libretti verfaßt werden, die Darstellung hingegen sich auf das musikdramatische Werk — als Oberbegriff zu Oper und Musikdrama — konzentriert; der Begriff „Komponist" ist präziser als „Tondichter", da man unter letzterem im eigentlichen Sinne nur den Schöpfer von Sinfonischen Dichtungen versteht.

Da die Oper ein Geisteskind der Renaissance war, blieb zunächst die Funktion der Musik wie im attischen Theater der Dichtung untergeordnet. Das Libretto war ein begehrtes Objekt, das von zahlreichen Komponisten vertont wurde; bei Monteverdi haben wir es geradezu mit einem Musik-Drama zu tun. Bald brachte jedoch der kraft- und prachtentfesselnde Barock eine Wendung in ausladender Grandiosität, eine Wendung, der die Musik, zumal in Italien, dank ihrer gefühlsgeborenen und gefühlsbetonten Momente wesentlich besser als das Wort zu entsprechen vermochte. Das Jahrhundert der Kastraten und Primadonnen drängte

[29]) Urteil des Suprême-Court New York in Copryght Decisions 1914—17, S. 211; vgl. Erlanger I, S. 38.

das Libretto in seiner früheren Bedeutung stark zurück. Die venezianische, vor allem aber die neapolitanische Opera buffa hatten sich die musikalische Welt erobert, gipfelnd in Mozarts Werk. Bezeichnend daher dessen Worte[1]: „Bei einer Opera muß schlechterdings die Poesie der Musik gehorsame Tochter sein. Warum gefallen denn die welschen komischen Opern überall mit dem Elend, was das Buch anlangt? Weil da ganz die Musik herrscht und man darüber alles vergißt". Während der Salzburger Meister durch Vorherrschaft der Musik den im Libretto liegenden Stoff zu einem allgemein gültigen Weltbild und Menschenspiegel erhob, suchte gerade umgekehrt Gluck, der Opernreformator, durch Assimilation an — allerdings erhabene — Texte die Opernmusik eines übertriebenen Selbstzweckes zu entkleiden. In diesem Sinne sein berühmt gewordener Ausspruch[2]: „Ich war darauf bedacht, die Musik auf ihre wahre Aufgabe zu beschränken: der Dichtung zu dienen, um den Ausdruck der Gefühle und das Interesse der Situationen zu verstärken, ohne die Handlung zu unterbrechen und durch unnützen Zierrat erkältend zu wirken". Zwischen diesen beiden extremen Anschauungen hatten sich natürlich nach und nach ungezählte Varianten und vermittelnde Ansichten entwickelt, in denen sich der Schwerpunkt auf Ton und Wort verschieden verlagerte. Lessing empfahl letzteres, die Stärkung der „Hilfskunst" wenigstens im Rezitativ, während die Musik sich in der Arie ausleben sollte[3]. In den allermeisten Fällen jedoch blieben die Opern nur „leere Schauspiele mit Gesang, und der gänzliche Mangel dramatischer Wirkung, den man bald dem Gedicht, bald der Musik zur Last legt, ist nur der toten Masse aneinandergereihter Szenen ohne inneren poetischen Zusammenhang und ohne poetische Wahrheit zuzuschreiben, die die Musik nicht zum Leben entzünden konnte. Oft hat der Komponist unwillkürlich ganz für sich gearbeitet und das armselige Gedicht läuft nebenher". So schrieb 1813 E. T. A. Hoffmann[4]; die Romantik war angebrochen. Und wie sie sich ins Unendliche sehnte, ihr Ziel durch das nun immer entschiedener geforderte Gesamtkunstwerk zu realisieren strebte, mußte auch das Verhältnis von Libretto und Komposition ästhetisch ein anderes werden. Nicht mehr wie bisher nebeneinanderarbeiten, sondern man muß, wie einmal Hoffmannsthal[5] formulierte, „miteinander, geradezu ineinanderarbeiten". E. T. A. Hoffmann[6] fordert nicht nur, sondern beweist es auch durch die Tat, daß wahrhafte „Komponisten nur poetische Texte wählen. In der Oper soll die Einwirkung höherer Naturen auf uns sichtbarlich geschehen, und so vor unseren Augen sich ein romantisches Sein erschließen, in dem auch die Sprache höher potenziert ist; ja, wo selbst Handlung und Situation, in mächtigen Tönen und Klängen schweben, und gewaltiger ergreift und hinreißt. Auf diese Art soll die Musik un-

---

[1]) Brief an seinen Vater vom 13. 10. 1781.
[2]) Im Nachwort zu „Alceste". [3]) Laokoonfragmente.
[4]) S. 97. [5]) Briefwechsel mit Richard Strauß S. 131. [6]) S. 90, 93, 104.

mittelbar und notwendig aus der Dichtung entspringen. Das ist ja das wunderbare Geheimnis der Tonkunst, daß sie da, wo die arme Rede versiegt, erst eine unerschöpfliche Quelle der Ausdrucksmittel öffnet". Jetzt gehen Wort und Ton ineinander über; Weber schafft „Euryanthe", das erste Musikdrama, dessen Erfolg er von „dem vereinigten Zusammenwirken aller Schwesternkünste erhofft, die beim Ineinanderverschmelzen verschwindend und auf gewisse Weise untergehend eine neue Welt bilden". Wagner als Dichterkomponist von genialer Konzeption wie auch deren von begeisterter Ekstase getragenen Realisierung wird durch Steigerung der Leitmotive sowie der orchestralen Funktion zum Vollender des romantischen Ideals. Text und Musik existieren nicht mehr, nur noch die „Worttonsprache"[7]; er vergleicht[8]) die Autoren beim Schaffensakt mit zwei Wanderern, die entgegengesetzt den halben Planeten umwandeln, beim Wiedertreffen sich austauschen, dadurch allwissend werden und nun „beide vollkommen künstlerischer Mensch" sind. Scharf verurteilt er den im Mißverhältnis beider Künste zueinander getriebenen barocken Opernschlendrian. Die Tätigkeit jedes Autors solle keine vom anderen despotisch erzwungene sein, sondern durch „höchste Kraftentwicklung zwar des individuellen Vermögens, aber zugleich mit dem notwendigsten Drange der Selbstaufopferung zugunsten des geliebten Gegenstandes"[9]) in den Dienst des gemeinsamen, in sich einheitlichen Musikdramas gestellt werden. Wagners Beispiel siegte auf der ganzen Linie, so daß noch Pfitzner der, „letzte Romantiker", ein halbes Jahrhundert später erklärte[10]): „die theoretisch unlöslich scheinende Frage nach der Möglichkeit einer wahrhaften Dichtung als Grundlage einer musikalisch-dramatischen Komposition löst sich von selbst, sobald das eintritt, vor dem alle literarischen und musikalischen Fachbegriffe auffliegen: die musikdramatische Konzeption. Die geniale Konzeption ist das Alpha und Omega aller Kunst." Auch Richard Strauß schrieb[11]) seinem Librettisten, als die Arbeiten an der „Ariadne" stagnierten: „Wir wollen uns doch gegenseitig steigern", ein Zeichen daß auch das moderne Opernschaffen engste Kollaboration erfordert. Hoffmannsthal, der ihn einmal sein „zweites Ich" nannte, faßte seine Aufgabe in gleichem Sinne[12]) auf: „das wahre Grundelement des Dramas ist Handlung. Diesem Element wird in der Oper die Musik zum Träger; es mischen sich gleichsam zwei vorwärtsströmende Gewässer: die dramatische Handlung und das Musikelement." — Daß die große Wandlung seit Wagner auch ins Ausland, ja selbst ins sonnige Land des Belcanto überschlug, wird durch eine Briefstelle von Verdis Librettisten Cammarano gekennzeichnet, in der es heißt, daß zwar die Musik „die Vorherrschaft in der Oper haben muß, daß die Poesie nie deren Tyrann sein dürfte, aber auch nicht mehr die Dienerin der Musik sein" solle.

[7]) Oper und Drama, Bd. IV, S. 199ff. [8]) a. a. O. S. 159.
[9]) a. a. O. S. 201, 206. [10]) S. 10.
[11]) Briefwechsel S. 152. [12]) a. a. O. S. 142, 396.

§ 5 LitUG steht zur Diskussion. Wozu dann vorstehende Ausführungen? Zunächst ist ein recht folgenschwerer Irrtum zu bekämpfen. Versucht wurde hier, so kurz als möglich und unter Heranziehung der Quellen, der Auffassungen der großen Meister selbst, den Unterschied zwischen Oper und Musikdrama zu charakterisieren. Nun hat man aber gefolgert, daß wohl das Musikdrama nicht mehr den Tatbestand des § 5 LitUG erfülle, daß man also hier nicht mehr von bloß „miteinander verbundenen Werken" sprechen könne, daß es aber gerechtfertigt sei, wenn man die vorromantische Oper rechtlich in zwei Teile zerfallen lasse. Man will also im Verhältnis beider Musikgattungen zueinander einen entscheidenden Wesensunterschied konstruieren.

Ist dem zuzustimmen?

§ 3
Verbundene Halbwerke oder Einheitswerk?

Die Frage läßt sich nur beantworten, wenn man sie in der Grundproblemstellung dahingehend erweitert, daß und inwieweit das Verhältnis von Wort zu Ton überhaupt rechtlich zu erfassen ist Der Unterschied zwischen Oper und Musikdrama liegt — um es gleich vorwegzunehmen — in weit stärkerem Maße auf dem jetzt nicht zu behandelnden ästhetischen Gebiet, keinesfalls so sehr auf dem juristischen. Die Ästhetik hat gegebenenfalls auch die Intentionen, Zielsetzung, Reformgedanken usw. beider Autoren, also deren subjektiven Willen zu berücksichtigen; die Rechtswissenschaft hat hingegen an das, was vorliegt, nur den objektiven Maßstab anzulegen.

Im Schrifttum ist zunächst fast unbestritten, daß innerhalb ein und derselben Kunstgattung Miturheberschaft möglich ist, daß somit die betreffenden Autoren ein einheitliches „untrennbares" Werk im Sinne des § 6 LitUG schaffen können. Bei der Dichtkunst läßt sich Kollaboration ohne weiteres denken. Schreyer[1]) meint zwar, daß eine auf diese Art entstandene, wirklich bedeutsame Poesie sich nur „schwer vorstellen" ließe; Goethe und Schiller haben jedoch in ihren „Xenien" das Gegenteil bewiesen und die Lustspielfabrikation, insbesondere der letzten Jahrzehnte, hat diese Methode geradezu in Schwung gebracht[2]); auch das Libretto, vor allem das romanische, rührte wiederholt von mehreren Urhebern[3]) her. Diese haben nun gerade bei Bühnenstücken nicht jeden einzelnen Satz oder Vers zusammengebaut, sondern eher so, daß der Eine die Monologe, der Andere die Dialoge, der Dritte die Liebesszenen, der Vierte schließlich die Massenszenen schrieb, möglicherweise dasselbe für einzelne Bilder, Akte usw. Und dennoch wendet

[1]) S. 10.

[2]) z. B. „Raub der Sabinerinnen" von Franz und Paul Schönthan, „Intermezzo am Abend" von Möller und Lorenz.

[3]) Darüber speziell vgl. zu § 19; es sei auf die vielen Doppellibrettisten Verdis hingewiesen.

man § 6 LitUG an; das Werk gilt eben als untrennbar, weil ja jeder aufs Ganze hingearbeitet hat, jeder vom anderen auf Grund des einheitlichen Planes abhängig ist, jeder, wenn auch auf seine individuelle Weise, so doch das gemeinsame Ziel verfolgt.

Ganz ähnlich in der Musik. Manche[4]) sind allerdings der Meinung, daß sie als subjektivste aller Künste ein Durchdringen verschiedener individueller Gefühlswelten nicht gestattet. Chopin und Franchomme haben mit ihrer Cellosonate, Brahms und Joachim mit dem Kopfsatz des berühmten Violinkonzertes des ersteren das Gegenteil gezeigt; aber in der Tat, man stößt hierbei schon bedenklich weit an die Grenzen einer Gehilfenschaft oder gar einer Bearbeitung vor. Durchaus richtig wird für harmonisierende Ausgestaltung einer gegebenen Melodie Miturheberschaft angenommen[5]), da hierbei die innere Form verändert wird und — betrachtet man die fertige Komposition — das melodische Element des subjektiv formgebenden Einen durch das eindringende harmonische des Anderen einen wesentlichen Eingriff erlitten hat, — oder besser gesagt —, mit ihm zusammen als absolute Existenz untergegangen und in einem ganz Neuen aufgegangen ist. Aber nicht nur homophone, auch polyphone Ausgestaltung ist denkbar, wenn eine zweistimmige Fugenskizze durch Hinzunahme zweier weiterer Stimmen und Erfindung eines neuen Themas zu einer vierstimmigen Doppelfuge vollendet wird. Schuster[6]) würde formulieren: Melodie tritt zu Melodie. Gerade weil er dies anerkennt, bleibt es um so verwunderlicher, daß er vorher (S. 133) musikalische Miturheberschaft für unmöglich erachtet.

Scharf vom Mitschöpferischen sind zu trennen die Bearbeitungen: einerseits Instrumentationen von Klavierwerken (z. B. Liszts „Les Préludes" durch Joachim Raff, Mussorgskijs „Bilder einer Ausstellung" durch Maurice Ravel), andererseits Klavierauszüge, die so mancher Opernkorrepetitor verfertigen muß. Hier wird die innere Form der Komposition ja nicht verändert (vgl. auch § 12 II Ziff. 4 LitUG).

Überträgt man die Untersuchungen auf größere musikalische Formen, so ist die Werkeinheit primär zu beachten. Bei „gebündelten" Werken wie Sonaten, Suiten, Divertimenti bildet jeder einzelne Satz eine Einheit; getrennte Urheberschaft ist also bis in die Zahl möglich, die der Summe der Werksätze entspricht. Anders, wenn für die gesamte Komposition ein einheitliches Fundament mit leitmotivischer Entwicklung, Koppelung, Lösung in sämtlichen Sätzen festgelegt ist. Würden jetzt die einzelnen Sätze von verschiedenen Komponisten geschaffen, so entstünde Miturheberschaft, da Plan, Weg und Ziel gemeinsam innerhalb eines einheitlichen Werkes verlaufen. Somit ist Schusters[7]) gegenteilige Anschauung betr. Beethovens V. Sinfonie als verfehlt abzulehnen, denn die einzelnen Sätze dieses einzigartigen Werkes bilden tatsächlich einen einheitlichen Organismus in Anbetracht des nicht nur alle Sätze, son-

[4]) Vgl. Schuster S. 133; Allfeld S. 86, 87 zu § 6 Nr. 4.

[5]) Schuster S. 134, Allfeld a. a. O. [6]) S. 135. [7]) S. 139.

dern auch fast alle Phasen derselben durchziehenden Hauptmotivs. Wie in der Dichtung ist also auch auf musikalischem Gebiete Miturheberschaft anzunehmen (§ 6 LitUG), wenn die Kollaboration sich aufs Ganze hin erstreckt.

Man müßte denken, dieses Ergebnis hätte auch für das Verhältnis Komponist-Librettist ohne weiteres Geltung. Hier jedoch wird eben der Begriff des „Ganzen“ mehr oder weniger negiert. Schreyer[8]) stellt die Behauptung auf, daß die Wirkung der Musik darauf beruhe, daß sie „das Gefühl abstrakt zum Gegenstande“ habe, daß die der Dichtung dagegen sich darin erschöpfe, daß sie das Gefühl in einer Erscheinung darstelle. Er fährt sodann speziell betr. das musikalische Werk aus, daß bei diesem „in der Poesie das Symbolische und Dynamische durch einen bestimmten Gegenstand in der Erscheinung tritt, während die Musik es selbst zum Inhalt hat“. Deutlicher Hoffmann[9]), der den „akustischen Effekt“ für die Musik als Selbstzweck ansieht, während der Effekt beim literarischen Werk lediglich „der Übermittlung logischer Gedankengebilde“ dient. Das ist verwandt mit der These Pfitzners[10]), der die dichterische Konzeption und Handlung erst mit ihrem Ablauf zur verstandesmäßigen Einheit erklärt, wohingegen das musikalische Moment oder Thema von einer gefühlsgeborgenen Einheit ausgehe und sie in immer neuen Metamorphosen durchkreise. Quintessenz: verstandesmäßiges Wort hier, gefühlsmäßiger Ton da; das könne keine Einheit geben.

Gegen eine solche Betrachtungsweise sind Bedenken zu erheben. Zunächst kann man auch in Dichtungen wie Goethes „An den Mond“, Novalis' „Hymnen an die Nacht“ oder Rilkes „Duineser Elegien“ soviel melodische Gefühlsströmungen finden, daß das Gedankliche völlig entschwindet, während Richard Strauß in seiner programmatischen Alpensinfonie ausführlich die Partitur kommentiert hat und auf diese Weise bei der Aufführung die Denktätigkeit des Hörers in Bewegung setzt; daher dann das typische Urteil des Laien, daß er solche Musik — trotz der Hinweise — nicht „verstanden“ habe. Und sind schon in diesem Punkte die Grenzen zwischen beiden Kunstgattungen als flüssig gekennzeichnet, so ist überhaupt eine derartige subjektive Betrachtungsweise verfehlt. Mag für unsere Sinneswelt in der Musik das Gefühl auch dominieren, so kommt man auf diese Weise dem rechtlichen Problem nicht bei. Das Charakteristikum des musikdramatischen Werdeganges ist objektiv zu verfolgen.

Das Libretto braucht keineswegs das erste Moment zu sein. Ebenso wie die Musik aus „Don Giovanni“ Mörike zu seiner Meisternovelle „Mozart auf der Reise nach Prag“ inspirierte, ist es verschiedentlich vorgekommen — vor allem bei Operetten —, daß die Partitur fertig vorlag, der Komponist sie auf eigenskizzierte Plangebung hin einem wortbeflissenen Freunde vorspielte, und dieser dann unter der Einwirkung der Töne ein Libretto dazu schuf.

[8]) S. 26. [9]) I S. 271. [10]) S. 19.

Durchweg verhält es sich aber umgekehrt. Das Libretto ist keine Wortdichtung für das Schauspielhaus; es verlangt Ergänzung durch die Musik, und zwar ist es schon während des Entstehens darauf zugeschnitten. Ihm entwachsen gleichsam unzählige Assoziationsfasern, die eine Anklammerung, Verbindung, Vermischung suchen. Die noch nicht fixierte oder im Entstehungsprozeß begriffene Musik tastet ebenfalls mit ihren Assoziationsfasern nach dem ergänzungsnotwendigen Wort. Wären nun Wort und Ton sich wesensfremd, so wäre ihre Vereinigung unmöglich. Aber es tritt ein „Durcheinanderfluten"[11], eine Verwebung[12] ihrer Wesensmerkmale ein, die nicht mehr nebeneinander, sondern ineinander strömen. Einheit Wort und Einheit Ton gehen in der neuen Einheit Gesang, dem tragenden musikdramatischen Element, auf. Sie gehen auf, sie fristen nicht neben ihr noch ein eigenes Dasein. Keines dient und keines herrscht, beide sind voneinander abhängig und aufeinander angewiesen. Zerstörte man eins, so bliebe das andere auch nicht lebensfähig. Beide erweisen eine ideelle Kongruenz bis in die Einzelheiten. Nicht nur in der objektiven Form, der Musikgattung; diese haben sie beide gemeinsam sogar neu geschaffen. Abgesehen von äußeren Momenten wie Einteilung und Akte, Szenen und Personenwechsel, Tanzeinlagen und szenischen Effekten — hier liegt ja die Übereinstimmung auf der Hand —, ist auch in der subjektiven Formgebung, in Gehalt, Sinndeutung, Dynamik, im opus invisibile, eine Verschmelzung eingetreten. Ob man im einzelnen dabei das Libretto zum Anlaß von artistischen Kapriolen wie bei Richard Strauß nimmt oder es wie bei Weber gefühlsmäßig vertieft, das sei der ästhetischen Beurteilung vorbehalten. In jedem Fall bleibt das Wort in unlösbarer Synthese verhaftet. In Summa: zwischen beiden Urhebern findet nicht, wie Schreyer[13] glaubt, ein gegenseitiges Aufgeben statt, sondern ein Aufgehen ineinander, auch nicht, wie Hoffmann[14] darlegt, eine Verarbeitung des Textes durch die Musik, sondern eine Verschmelzung beider und erst recht ist nicht, wie § 5 LitUG normiert, eine leere, lose Verbindung zwischen Schriftwerk und Tonwerk als Halbwerke, sondern das musikdramatische Einheitswerk die Folge.

Sollte aber — auch das ist in Erwägung zu ziehen — der Gesetzgeber die Trennbarkeit beider Gattungen aus der Gegenüberstellung von Libretto und Partitur hergeleitet haben, so wäre das eine höchst fehlerhafte Verkennung des Wesens eines solchen Werkes. Der durch innere Verschmelzung gewonnene Gehalt ist streng von den rein äußeren Mitteilungsmöglichkeiten zu scheiden. Geisteswerke bedürfen einer anderen Betrachtungsweise als Sachen im Sinne von § 90 BGB. Uns sind Buchstabentabulaturen für die instrumentale, sowie graphische Darstellungen der Tonhöhenbewegung für die vokale Musik überliefert, deren Ursprung sich bis in die ausgehende Antike verfolgen läßt. Daß sich das Noten-

[11]) Voigtländer-Elster S. 95 zu § 6 Nr. 3. [12]) Mitteis S. 165; Astor S. 17.
[13]) S. 10. [14]) I, S. 272.

kopfsystem eines italienischen Mönches[15]) durchgesetzt hat, ist reiner Zufall; ebenso könnte man sich auch mit stenographischen oder bezifferten Systemen (Generalbaß!) behelfen, mit Runen oder Hieroglyphen. Es hätte sich schließlich auch eine Notierung entwickeln können, in der Wort wie Ton durch die gleichen Einheiten bezeichnet werden. Und glaubt man, die Literatur unbedingt als staats- und volksgebundene Sprache der Musik als einer Art Weltsprache entgegenstellen zu müssen, so hat man übersehen, daß als Wesensmerkmal des Wortes bei allen Völkern die Zusammenstellung von Vokalen und Konsonanten anzusprechen ist, deren verschiedene Kombinationen miteinander lediglich dem Unterscheidungsbedürfnis dienen; maßgebend dafür war die Erfahrungstatsache, daß der nicht gesungene Laut in seiner Ausgestaltung sich viel vorteilhafter als fortwährendes Verständigungsmittel eignet als der gesungene Laut, der Ton; (überdies wurde mit dem Esperanto bereits ein Anfang zu einer wortmäßigen Weltsprache gemacht). Auf der Linie solcher Betonung der rein äußerlichen Mitteilung liegt auch die Behauptung Cohns[16]), daß Literatur gehört und gelesen, die Musik dagegen, besonders die instrumentalpolyphonen Gewebe, nur im Konzertsaal aufgenommen werden könnten. Dem sei entgegnet, daß einerseits Partiturlesen nur Sache der Übung, der anhaltenden Beschäftigung mit der Materie ist. Andererseits ist der dichterischen Diktion bei Gruppen- und Massenszenen nicht immer durch Lektüre beizukommen; die Apfelschußszene im „Tell" und die Szene der drei Wahnsinnsbefallenen in jener Waldhütte im „Lear" beispielsweise entfalten eine „polyphone" Monumentalität, deren ganze Größe einem erst im Theater aufgehen kann. Äußerliche Mitteilungsformen sind also unterscheidbar, der in ihnen enthaltene geistige Gesamtwert ist hingegen untrennbar. Beides ist in Anbetracht des Wortlautes des § 5 LitUG grundsätzlich auseinanderzuhalten.

Nach dem Gesagten kann das musikdramatische Werk den Tatbestand des § 5 LitUG nicht erfüllen. Im Schrifttum läßt sich freilich aufweisen, daß viele Verfasser sich der durch § 5 LitUG heraufgeführten Spannung in der Rechtsnormierung wohl bewußt waren, daß sie aber nie die Konsequenzen daraus zogen, sondern diese Bestimmung so weit als nur irgend möglich zu rechtfertigen suchten. Schreyer[17]) entwickelt seine sehr ansprechende Theorie von der „dynamisch-symbolischen Einheit", aber die Grenzen beider Kunstgattungen können sich seiner Meinung nach nie berühren. Erlanger[18]) spricht vom Opernwerk als einer „höheren Einheit", deren materielle Verwertbarkeit hauptsächlich nur im Ganzen zu suchen sei; dennoch weist er jedem Autor nur ein gesondertes Recht zu. Petzl[19]) führt das Beispiel des Dichterkomponisten an; aber selbst dieser wird wie zwei verschiedene Autoren behandelt, kann seine Rechte aus Partitur und Libretto nur getrennt wahrnehmen, verwerten,

[15]) Guido von Arezzo, etwa um das Jahr 1050. [16]) S. 3, 4.
[17]) S. 26, 27. [18]) I S. 23, 35. [19]) S. 19, 21.

bei rechtswidrigen Eingriffen verfolgen usw. Ein solch unglücklicher Mensch hat also zwei Gehirnzentren, zwei Gefühlswelten, und ist überhaupt in zwei Hälften gespalten. Damit zweifelt man das organische Walten der Natur an, man sollte das lassen. Wagner hat auch nicht erst die „Worttonsprache“ erfunden, und seine Nachfolger in der Methode wie Leoncavallo[20]), Richard Strauß[21]), Pfitzner[22]), Hindemith[23]), Sutermeister[24]) und viele andere auch nicht; sie setzten nur das fort, was in der Weltkunsthistorie vom blinden Sänger Homer bis zu den altnordischen Skalden und Skopen, von den Minnesängern bis zu Luthers Chorälen einst Selbstverständlichkeit war.

Aber das mag nicht so wichtig sein. Entscheidend ist diese Feststellung für das musikdramatische Einheitswerk, welches Musikdrama wie Oper erfaßt. Auch die Oper! Der stellenweise gesprochene Monolog und Dialog im Singspiel vermag bei seiner untergeordneten Bedeutung das juristische Bild nicht wesentlich zu verändern. Das Bühnenoberschiedsgericht und der Kommentator seines Urteils[25]) waren zwar anderer Meinung, aber hierbei müßte genau nachgeprüft werden, bis zu welchem Umfange Textänderungen in der „Fledermaus“ vorgenommen wurden (vgl. auch § 9 LitUG). Unrichtig ist die Auffassung, die „Fledermaus“ als etwas Wesensverschiedenes den durchkomponierten Werken von Wagner oder R. Strauß entgegenzustellen, gänzlich verfehlt ist die Bejahung einer eventuellen Aufführung der Operettenmusik ohne Text.

In ihren rechtsentscheidenden Prinzipien gleicht also die Oper dem Musikdrama; opera seria und opera buffa kehren in der musikalischen Tragödie und Komödie wieder. Beteiligen sich mehrere Komponisten an einer Partitur, so sind sie stets — vorbehaltlich Gehilfenschaft — Miturheber gemäß § 6 LitUG, nicht nur beim Musikdrama, wie Schuster[26]) wahrhaben will, sondern auch bei der Oper, deren Nummern, wie Allfeld[27]) zutreffend feststellt,„für das Ganze geschaffen sind“. Die Oper „Marlborough“, für das Athenäum in Paris komponiert von George Bizet, Jonas, Legouix und Léo Delibes, mag ein Beleg dafür sein. Wesenseinheit von Wort und Ton in der vox humana wird den Autoren daher stets die Rechtsstellung von Gesamthändern hinsichtlich deren gemeinsamer Schöpfung bedingen. Mag die Arbeitsleistung des Einzelnen noch so differenziert sein, ohne seinen Beitrag kann im Gegensatz zu § 4 LitUG das Ganze nicht zustandekommen.

Dieser einzigartigen Kombination von scheinbarem Auseinander und wirklichem Zusammen mag der Welterfolg dieser Gattung zu danken sein, der Goethes Wort: „die reine Opernform bleibt vielleicht die günstigste aller dramatischen“ nur bestätigt.

---

[20]) „Bajazzo“. [21]) „Guntram“, „Intermezzo“. [22]) ‚Palestrina“.
[23]) „Cardillac“. [24]) „Romeo und Julia“.
[25]) Vgl. Ufia I 1928 S. 696ff. [26]) S. 139. [27]) S. 87 zu § 6 Nr. 4.

§ 4
Abgrenzungen

Um jeden Zweifel, den die Ausführungen zu § 3 hinterlassen könnten, auszuschließen, sind noch Untersuchungen anzustellen in dreifacher Hinsicht: Innerhalb des musikdramatischen Werkes selbst; im Verhältnis Dichtung — Musik — Bildende Kunst; schließlich Unterschied zwischen Miturheberschaft und Gehilfenschaft.

a) Um noch einmal auf das Beispiel mit den Assoziationsfasern zurückzukommen: Es wurde gesagt, daß sie vom Wort wie vom Ton her ihre Vereinigung suchen müssen; liegt das auf einer Seite nicht vor, so kann auch kein musikdramatisches Werk entstehen. Beispiele zeigen sich bei Oscar Wilde („Salome"), Hoffmannsthal („Elektra"), Gerhart Hauptmann („Die versunkene Glocke"), die sich die Schauspielhäuser erobert hatten, ehe Richard Strauß bzw. Zöllner daran dachten, sie zu vertonen. Ein klassisches Beispiel auf oritorialem Gebiet weist Goethes „Faust" mit der Vertonung durch Robert Schumann auf. Eine Verschmelzung beider Kunstgattungen hat hier nicht stattgefunden, trotz einer scheinbaren Liierung durch die vox humana. Es ist richtig, auch hier kann die Musik ohne das Wort nicht „leben". Wohl aber das Wort ohne die Musik! Zerstörte man die Musik, so bliebe das Wort davon unberührt. Es kann Gegenstand von Werknutzungsrechten sein, ohne deshalb vom Erfolg des Ganzen abhängig zu sein, Unberechtigt wäre es, hier dem Autor des Literaturwerkes seine selbständige Stellung, die ihm § 5 LitUG gewähren würde, zu versagen. Ihm stand sein unabhängiges Recht auf Grund einer unabhängigen Schöpfung zu. Beides, das Geisteswerk wie das normende Recht dürfen nicht plötzlich gemindert werden. Kein Libretto, sondern eine Dichtung liegt vor! Problematisch bleibt jedoch die Rechtsstellung des Komponisten. Theoretisch wäre die Konsequenz zu ziehen, daß über die Partitur infolge ihres Charakters als eines sich anlehnenden unselbständigen Werkes nur beide Urheber als Gesamthänder verfügen könnten. Daneben käme die Gierkesche Lösung in Betracht, daß an den Teilwerken gesondertes Urheberrecht gemäß § 5 LitUG, am Ganzen aber Gesamturheberrecht gemäß § 6 LitUG besteht.

Ähnlich steht es mit der großen Gruppe der Melodramen, doch nicht, weil dem Ganzen mehr Stimmung als Aktion innewohnt[1]), sondern weil keine Verschmelzung der beiden künstlerischen Grundelemente stattgefunden hat. Nicht einmal durch die vox humana. Beide korrespondieren wohl miteinander, aber kongruieren nicht; sie laufen unabhängig nebeneinander her. Die Inspirationen des Einen durch das Andere tut es nicht allein. Hier hat man es mit „verbundenen Werken" im Sinne von § 5 LitUG zu tun. Jeweils getrennte Verwertung ist also möglich; die Praxis liefert den Beweis: Mendelssohn bündelte seine Musik zum

---

[1]) Mitteis S. 142 unter Anm. 1.

„Sommernachtstraum", Grieg seine zum „Peer Gynt", Tschaikowskij seine zum „Nußknacker" in suitenähnlichen Gebilden zusammen; alle erwiesen sich als erfolgreiche Konzertnummern. Ohne die Dichtung! Aber auch dort kann die rechtliche Beurteilung keine andere sein, wo die Musik bewußt für die schauspielmäßige Bühnenaufführung geschaffen ist, wie z. B. bei Beethoven zu „Egmont", Schumann zu „Manfred", Volkmann zu „Richard III.", Pfitzner zu „Kätchen von Heilbronn". Dasselbe gilt im Prinzip auch für kleinere Sachen wie z. B. Hebbels Balladen von Schumann, die Hexameter aus Homers „Ilias" über Hektors Tod von Botho Siegwart melodramatisiert, wie überhaupt für derartige kleinere Gedichte und Dichtungen, die nicht „ihrer Gattung nach zur Komposition bestimmt sind" (vgl. § 20 II LitUG). Darunter wären auch Ballette und Maskenzüge, Gesangspossen und Singspiele zu zählen. Singspiele! Hier ist zu unterscheiden zwischen solchen, in denen dem Drama nur vereinzelte Märsche, Tänze, Chöre, Lieder hinzugefügt wurden[2]) und jener volkstumsgebundenen Opernvariante, die trotz stellenweise gesprochenen Dialoges zu einem einheitlichen Gesamtwerk ausgestaltet ist. Bei Weber wird es vor allem deutlich: „Freischütz" fiele unter § 6 LitUG, „Preziosa" hingegen unter § 5 LitUG. Die Zäsur läuft also mitten durch den Begriff Singspiel hindurch. Verwertungsmäßig behält beim Melodram somit jeder Autor sein gesondertes Recht; der Dichter an seinem Drama, der Komponist an Ouverture, Zwischenmusik etc.[3]).

Bei der Sinfonischen Dichtung, der zumeist ein literarisches Zeugnis als Erklärung vorangestellt wird, sind die Grenzen ganz klar geschieden. Kaum, daß man noch von einer „Verbundenheit" gemäß § 5 LitUG sprechen kann. Die Auswirkung der Inspiration festzustellen, ist Sache der Ästhetik.

b) Die Bildende Kunst kann im Gegensatz zu Dichtung und Musik nicht in Schriftzeichen fixiert werden. Aber das betrifft nur die äußerliche Mitteilungsform. Wichtiger ist schon, daß sie nur optisch, die anderen demgegenüber nur akustisch wahrzunehmen sind. Schließlich: in der Bildenden Kunst lebt sich das Immaterielle im Materiellen konkret, in Dichtung und Musik abstrakt aus. Dem Nebeneinander steht ein Nacheinander gegenüber.

Ist nun innerhalb der Bildenden Kunst Miturheberschaft gemäß § 6 LitUG möglich? Für Malerei (z. B. „Ruhende Venus", Gestalt von Giorgione, Landschaft von Tizian), für Skulptur (z. B. Bildhauerwerke von Donatello und Michelozzo), für Architektur (z. B. die Wiener Staatsoper von v. d. Nüll und Sickartsburg) wie auch für Kombinationen untereinander (z. B. Permosers Bildhauerei am Pöppelmannschen Wallpavillon des Dresdener Zwingers) anscheinend zu bejahen, und doch

---

[2]) Zutreffend KG in JW 1928 II/1233.

[3]) Im Gegensatz zu Droit d'auteur 1918 S. 20; 1925 S. 104.

drängt sich die Vorstellung des Nebeneinander so auf, daß man fast wieder auf § 5 LitUG zukommt.

Eins jedoch ist als sicher anzunehmen: Bildende Kunst einerseits, Dichtung und Musik andererseits sind wesensverschieden. Man kann sie kombinieren (z. B. M. v. Schwinds Illustrationen zu Grimmschen Märchen, Ludwig Richters Zeichnungen zu Schumanns Musik op. 79), man kann sich inspirieren lassen (z. B. Kleists Gedicht auf die „Sixtinische Madonna", Liszts Tondichtung „Hunnenschlacht" auf Kaulbachs gleichnamiges Gemälde), aber man kann sie nicht miteinander verschmelzen. Allfeld[4]) verweist auf das „Schicksallied" als Zeugnis dreier Künste; hier würden Hölderlin und Brahms gegebenenfalls (vgl. § 20 LitUG) zueinander im miturheberrechtlichen, beide aber zu Max Klinger im sonderrechtlichen Verhältnis stehen. So ist auch Wagners weitgreifende Idee des Gesamtkunstwerkes im Rechtssinne unmöglich. Zur akustischen tritt zwar in Bühnenbild die optische Ausdrucksform; das entscheidet noch nichts. Bühnenbild und Inszenierung verschmelzen nicht mit der vox humana, sie sind, obgleich durch die Konzeption bedingt, nur Steigerungsmittel der wirkungsvollsten Mitteilungsmöglichkeit. Sie wechseln jahraus, jahrein, sind in jedem Opernhaus andere, die Worttonsprache aber bleibt — auch im Konzertsaal — immer die gleiche.

Wesensgleichheit zwischen Dichtung und Musik, Wesensverschiedenheit gegenüber der Bildenden Kunst müssen dementsprechend ihren gesetzlichen Ausdruck finden. Man darf nicht der Einfachheit halber alles in einen Topf werfen, wie es Goldbaum-Wolf in § 5 III ihres „Entwurfes eines Urheberschutzgesetzes"[5]) tun; damit wiederholt man nur § 5 LitUG. Und man sollte auch schon bei der generellen Exposition eines Urhebergesetzes nicht Literaturwerke unter I, sowie Werke der Tonkunst und der Bildenden Kunst zusammen unter II aufführen[6]), auch wenn das nur aus formalen äußeren Gründen[7]) erfolgt.

c) Von der Mit-Urheberschaft ist die Gehilfenschaft notwendigerweise zu scheiden. Die Grenzen zwischen beiden sind an sich fließende; dennoch ist auch hier, wie Wächter[8]) richtig feststellt, einer subjektiven Auffassung kein Raum zu geben. Typisch für Gehilfenschaft ist das unselbständige, das dienende Moment. Die Beteiligung des Gehilfen ist eine nur unwesentliche; das Werk ist auch ohne seine Mitwirkung lebensfähig; eine geistige Schöpfung, geschweige denn eine eigentümliche, liegt nicht vor. Nach RG[9]) ist Gehilfe derjenige, „der sich auf die Ausführung fremder Gedanken beschränkt, die Geistesarbeit eines Anderen unterstützt". Auf literarischem Gebiete wären zu nennen unwesentliche Ergänzungen, Korrekturenlesen, Abschreiben, Einfügung von Verweisungen, Zusammenstellung eines Sachregisters (bestr.!), auf musikalischem verschiedenartige Anfertigung von Klavierauszügen,

[4]) S. 82 zu § 5 I. [5]) Ufita II (1929), S. 185. [6]) Vgl. E 1932 in § 2.
[7]) Vgl. Begr. S. 32. [8]) S. 94.
[9]) s. RG 108/64, vgl. Allfeld zu § 6 Anm. 2.

Transskriptionen, Arrangements, geringfügige Abwandlungen in der Harmonisierung, Streicherpassagen nach Skizze, aber nicht — wie Marwitz-Möhring[10]) will — von Potpourris. Schließlich können Librettist und Komponist sich nicht gegenseitige Gehilfenschaft leisten, abgesehen von eventueller Tätigkeit gemäß den soeben angeführten Beispielen. Der Librettist ist kein Handlanger von Wortzusammenstellungen; solche allenfalls barockzeitliche Ästhetik hat garnichts zu bedeuten gegenüber dem rechtlich allein maßgebenden Schaffensvorgang, wie er in diesem Abschnitt (vgl. § 3) dargelegt wurde. Ebenso könnte man für die Komposition ein bloßes Kolorieren des Textes annehmen. Das geht nicht an; Librettist und Komponist sind und bleiben Miturheber.

Die äußere Unterscheidbarkeit der Werkteile führt dazu, daß auch nach Schaffung des Gesamtwerkes Libretto und Partitur ihre Existenz unabhängig voneinander — wenn auch nur torsoartig — fristen können, ja sogar mit anderen Partituren bzw. Libretti zu neuen künstlerischen Einheiten verschmelzen können. Ein Libretto kann mehrfach vertont, einer Partitur können mehrere Texte unterlegt werden. Soviel verschiedene Einheitswerke auf diese Weise entsprechend den Liierungsmöglichkeiten entstehen können, soviel neue geistige Gehalte. Aber unterliegt dann einmal eine solche bestimmte Liierung der rechtlichen Würdigung, dann erweist sie sich als unlösbare Unität. Wer ein Werk lediglich nach den in äußeren Mitteilungsformen zum Ausdruck kommenden Arbeitsanteilen bemißt, kann folgerichtig nur zu einer Anwendung des § 5 LitUG gelangen. Wer aber, wie hier dargelegt, den Einheitsorganismus des in Kollaboration entstandenen musikdramatischen Werkes bejaht und damit das Ausschlaggebende, nämlich die charakteristischen Wesensmerkmale, in den Mittelpunkt seiner Wertung rückt, kann sich nur für Anwendung des § 6 LitUG entscheiden.

Das Resultat des gesamten I. Abschnittes zeigt, daß die Existenz des § 5 LitUG ihre Berechtigung hat, aber eine sehr eingeschränkte gegenüber der vom Gesetzgeber gewollten. „Verbunden werden" können Schriftwerke und Tonwerke miteinander nur in vereinzelten Fällen (vgl. § 4a), wohl aber beide — sogar nur — mit Werken der Bildenden Kunst (vgl. § 4b). Für die weitaus überwiegende Mehrzahl jedoch, wie speziell für das musikdramatische Werk und die ihm vom Gesetz gleichgestellten Gattungen wie Operetten, Oratorien, Kantaten bis hinunter zu den Madrigalen, Chansons und Couplets, ist de lege lata ausschließlich § 6 LitUG anzuwenden.

Es ist nun Aufgabe des II. Abschnittes, unter Einbeziehung des Miturheberrechtes im allgemeinen, die Berechtigung dieser letztgenannten Rechtsnorm zu untersuchen.

---

[10]) S. 76; wegen der evtl. eigenschöpferischen Tonfolgen in Kadenzen, Übergängen usw.

II. Das Innenverhältnis

§ 5

Gesamthänder- und Bruchteilsgemeinschaft in ihrer geschichtlichen Bedeutung für das Miturheberrecht

Verfolgt man den Wortlaut des § 6 LitUG, insbesondere „Arbeiten, die sich nicht trennen lassen" einerseits und „Gemeinschaft nach Bruchteilen" andererseits, so ist an einem offenbaren inneren Widerspruch nicht mehr vorbeizukommen. Interessenlage und Rechtsnorm scheinen sich nicht zu entsprechen. Wie ist man zu dieser Fassung gekommen, woraus hat sie sich entwickelt? Hat eine Entwicklung überhaupt stattgefunden?

Dem UG von 1870 ist eine Bestimmung unbekannt, in der das miturheberrechtliche Verhältnis klar umrissen wird. Es regelt aber die Schutzfristfrage (§ 8) und bringt dieselbe in § 9 I auch für Miturheber zur Anwendung, und zwar in dem Sinne, daß sich die Frist bis zum Tode des Letztlebenden erstreckt (vgl. § 30 LitUG). In den Motiven wird angeführt, daß ein derartiges Werk als von einer „Kollektivperson" verfaßt anzusehen ist, und daß diese Kollektivperson bis zum Tode des letztlebenden Miturhebers eine rechtliche Existenz führt[1]). Ein in untrennbarer Kollaboration geschaffenes Werk zwingt also der rechtlichen Betrachtung die Folgerung ab, daß zwei oder mehr Personen sich aufgegeben haben, um in einer neuen und höheren Einheit fortzuleben. Diese von großem Verständnis für die reale Sachlage zeugende Anschauung fand in Kohler wie in Gierke ihre modifizierte Weiterführung. Kohler weist zwar[2]), besonders was das verwertungsmäßige Interesse anbelangt, dem Einzelnen sein gesondertes Urheberrecht zu, aber man möchte sagen: sekundär. Denn primär hält er am Gesamtwerk — nicht nur hinsichtlich der sogenannten Individualansprüche — fest, welches „als Ganzes einer besonderen Rechtssphäre unterliegt". Aber man sieht, schon wird totale gegen partielle Rechtsspanne ausgespielt, wie es Gierke nur für Werke mit unterscheidbaren Bestandteilen[3]) zugelassen hat. Für die Einheitsschöpfung wird jetzt aber bei Gierke wie auch bei Stobbe[4]) erstmals der Begriff „Rechtsgemeinschaft zur gesamten Hand" statuiert. Auch hier wird unterschieden: Teilung ist

[1]) Vgl. auch Endemann S. 33. [2]) I S. 206.
[3]) S. 783 zu 3b. [4]) III S. 26.

quoad substantiam unmöglich, während ihr quoad exercitationem stattgegeben werden kann, nicht muß. Der Doppelbegriff droit moral-Urhebervermögensrecht — als eine Einheit gedacht — ist in der Wissenschaft endgültig verankert und hat dieselbe seither nie mehr zur Ruhe kommen lassen. Kohler setzt sich nur insofern davon ab, als er es auch zu einer Sonderung in der Persönlichkeitssphäre gegebenenfalls kommen läßt. Individualrecht kann sich gegen Individualrecht placieren. Die trennende Tendenz erscheint also bei Kohler stärker als bei Gierke und Stobbe, die den urheberpersönlichen Kern ganz ins Zentrum ihrer Wertung rücken.

Unterdessen hatte Österreich 1895 ein Urhebergesetz in Kraft treten lassen, das in seinem § 7 Miturheberschaft regelt. Mitteis[5]) kommentierte diese Bestimmung in dem Sinne, daß die gesamthänderischen Prinzipien zur Anwendung kommen müßten. Das war ganz aus der richtigen Erfassung des Wesens, Zweckes und Ergebnisses einer untrennbaren Kollaboration heraus, wie es für die französische Rechtsprechung selbstverständlich ist, gesagt, obgleich Art. 7 schlicht festlegt: „Das Urheberrecht...... gehört allen Mitarbeitern gemeinsam", und nichts von Gesamthänderschaft aussagt. In diesen oder ähnlichen Wendungen sind die meisten ausländischen miturheberrechtlichen Bestimmungen bis ins letzte Jahrzehnt hinein gehalten[6]), vorausgesetzt, daß „ein gemeinsames Werk" oder „gemeinschaftliches Schaffen" oder „unteilbares Ganzes" vorliegt, an dem die „einzelnen Beiträge oder Anteile sich nicht trennen, sich nicht scheiden lassen". Der Begriff des „work of joint autorship", wie das britische Gesetz von 1911 sagt, ist als international feststehend zu bezeichnen. Auffallenderweise gesteht nur die Schweiz Autorrecht den Miturhebern nach Bruchteilen zu, ohne Zweifel in Anlehnung an § 6 LitUG. Das führt uns auf das Jahr 1901 zurück.

In welchem Verhältnis die Miturheber zueinander stehen, entschied der erste Entwurf zum neuen LitUG in seinem § 7 dahin, daß sie eine Bruchteilsgemeinschaft bilden sollten; verwiesen wurde auf die §§ 741 ff. des erst ein Jahr zuvor in Kraft getretenen BGB. Diese Regelung wurde von Opet in allen entscheidenden Punkten bekämpft. Zunächst die Majorisierung, was die Verwaltung des gemeinschaftlichen Gegenstandes (§ 745 BGB) betrifft, worunter der Verfasser jedoch unrichtigerweise die Veröffentlichung rechnet, die mit § 747 S. 2 BGB in Zusammenhang zu bringen ist. Dann auch die Majorisierung durch Nichtmiturheber über eine Minorität von Miturhebern, was durch § 747 S. 1 BGB ermöglicht wird. Schließlich die „unleidlichen Konsequenzen von § 749

[5]) S. 166, vgl. auch Droit d'auteur 1918 Nr. 2 S. 2.

[6]) In zeitlicher Reihenfolge: Belgien (Art. 6); Monaco (Art. 7), Luxemburg (Art. 6), Island (Art. 6), Großbritannien (s. 16 Ziff. 3), Nicaragua (Art. 745, 746), Brasilien (Art. 653, 654), Schweden (§ 7), Bulgarien (Art. 5), Ungarn (§ 1 II), Rumänien (Art. 35 I), Polen (Art. 8 III), Tschechoslowakei (§ 10), Portugal (Art. 21), 1), Finnland (§ 16), Mexiko (Art. 195), China (§ 5), Columbien (Art. 50), Liechtenstein (Art. 7), Norwegen (§ 8), Argentinien (Art. 17), Uruguay (Art. 26).

BGB", die sich bis zur Versteigerung des gemeinschaftlichen Miturheberrechtes bei Anfall an einen der Teilhaber (§ 753 I S. 2 BGB) oder bis zum Pfandverkauf an einen Außenstehenden, am Kunstwerk völlig Desinteressierten (§ 753 I S. 1 BGB) ziehen lassen, ohne daß die von ihrem Recht nunmehr getrennten Teilhaber einer interessenwidrigen Werknutzung entgegentreten könnten. Hier hat Opet die Bestimmung des § 10 LitUG nicht beachtet; auch hat er nicht die Forderung nach einer dem französischen droit de suite entsprechenden Bestimmung erhoben. Dennoch: auf zweifellos wunde Stellen der Regelung hatte Opet hingewiesen; zu beseitigen galt, was sich zu Fehlerquellen auswirken konnte. Und schließlich sprach er sich für das Gesamthänderverhältnis im Sinne von Gierke und Stobbe aus, insbesondere für Unzulässigkeit der anteiligen Verfügung, (§ 747 S. 1 BGB) sowie für Ausschluß der Teilungsklage[7]). Im Sinne dieser Ausführungen und unter besonderem Hinweis auf die mit der Interpretation — des UG von 1870 — Gierkes und Stobbes übereinstimmende Rechtsprechung wurde von einem Mitgliede der XI. Kommission ein Antrag eingebracht[8]), der — leider sich viel zu sehr beschränkend — bei Verfügungen über das Werk, anscheinend im Ganzen wie in den Einzelheiten die „Einwilligung aller Beteiligten erforderlich" machte; praktisch also nur eine Beseitigung des § 747 S. 1 BGB. Der entgegnende Regierungsvertreter glaubte, daß lediglich nach Schutz eines nicht veröffentlichten Werkes verlangt, daß jener Schutz nach seiner Ansicht jedoch infolge der §§ 745 II(?), 747, 753 I BGB bereits genügend berücksichtigt sei; er veranlaßte, daß der Antrag zurückgezogen und § 6 geltenden Rechtes — wie es heißt — ohne Widerspruch angenommen wurde. Was die Probleme betraf, hatte man also aneinander vorbeigeredet und ihre Tragweite noch gar nicht erkannt.

Bruchteilsmäßige oder gesamthänderische Berechtigung! Beide Prinzipien — in der Folgezeit hart umstritten, was aber die Erkenntnis des Urheberrechtswesens nicht unwesentlich gefördert hat — fanden in der Wissenschaft ihre Vertreter. Für das Erstere vor allem Astor[9]), der die Teilungsklage (§ 749 BGB) nicht missen will, Schreyer[10]), sowie die meisten Kommentatoren, die zumeist keinen Zweifel an der Unfehlbarkeit des § 6 LitUG aufkommen lassen. Für das gesamthänderische Prinzip haben sich im klaren Gegensatz zum Gesetz hingegen u. a. Hirschberg[11]), Allfeld[12]), Riezler[13]) wegen der geschichtlichen Tradition, Petzl[14]), der nicht nur Verfügung, sondern auch Verwaltung ihm unterstellt[15]) sowie Haupt[16]) ausgesprochen.

---

[7]) S. 142. [8]) Vgl. Bericht der XI. Kommission S. 6, 7.
[9]) S. 37, 52. [10]) S. 33. [11]) S. 30. [12]) S. 88 zu § 6 Nr. 6.
[13]) S. 56 unter Anm. 5. [14]) S. 53, 54.
[15]) Die Möglichkeit der Einwilligung auf Klage dürfte sich nur auf die Fälle des § 744 II BGB beschränken. [16]) S. 5.

§ 6
Miturheberrecht und Gesellschaftsrecht

Der Verweisung auf die §§ 741ff. BGB in § 6 LitUG kann aus zwei Erwägungen heraus nicht zugestimmt werden.

Zunächst handelt es sich um geistige Schöpfungen, die sich in jedem Falle als in sich geschlossene Einheiten erweisen, auch wenn am Schaffensakt mehrere Personen beteiligt gewesen sind. Seitens dieser Personen müßte nun das Recht am Werk so wahrgenommen werden, wie es aus den im ersten Abschnitt aufgezeigten Wesensmerkmalen einzig gefolgert werden kann, nämlich in allseitiger Übereinstimmung einheitlich und unteilbar. Dem wäre jedoch die vom Gesetzgeber vorgesehene Anwendung der §§ 741ff. BGB gerade entgegengesetzt. Bereits die Communio als die hauptsächliche Vorgängerin der BGB-Gemeinschaft ließ die Beziehungen der Teilhaber nicht zur Erreichung von gemeinsamen Zwecken entstehen, sondern eher zur Einzelzweckverfolgung gegeneinander; die Beziehungen waren nicht personenbezogen, sondern sachbezogen. Und daß es bei der Communio vor allem um Sacheigentum ging, zeigt sich noch heute in den §§ 1008 bis 1011 BGB: Miteigentum ist als Hauptanwendungsfall der §§ 741ff. BGB zu bezeichnen[1]). Die Gemeinschaftsnormen sind also zugeschnitten auf Materialgüter, die in der Hauptsache teilbar sind, versteigerungsfähig und der Zwangsvollstreckung unterliegend. So günstig sich hierbei das Bruchteilsprinzip auswirken mag, so schwierig und nachteilig läßt es sich auf die Unität eines geistigen, wenn auch formgebundenen Werkes abstimmen. Das eben erscheint an der Fassung des § 6 LitUG verfehlt, daß tote Sachen und persönlichkeitsausstrahlende, Lebensglanz atmende Werke derselben Regelung unterstellt werden. Wenn nun verschiedentlich[2]),[3]) ausgeführt wird, die Bezugnahme auf die §§ 741ff. BGB in § 6 LitUG sei überflüssig, auch ohne sie müßten die §§ 741ff. zum Zuge kommen, so möchte man dem in diesem Zusammenhange entgegenhalten, daß gerade dadurch der Gesetzgeber eine, wenn auch unrichtige, so doch klare Entscheidung getroffen hat und somit verhindert, daß in der Wissenschaft die Gesamthänderschaft theoretisch und in der Rechtsprechung — wie es im Ausland und in Deutschland bis 1901 der Fall war — praktisch zur Geltung und zur Anwendung gelangt. Die Anwendung des Gesamthänderprinzipes muß aber gerade gefordert werden, wenn die rechtliche Beurteilung des miturheberschaftlichen Verhältnisses aus dessen Wesensmerkmalen gefolgert werden soll, ja gefolgert werden muß, will man zu Ergebnissen gelangen, die der Interessenlage der Beteiligten angemessen sind. Zu diesem Zwecke muß ein Rechtsinstitut ins Auge gefaßt werden, das gesamthänderisch ausgestaltet ist:

---

[1]) Mitteis S. 166 lehnt für Miturheberrecht bewußt eine Anwendung der Bestimmungen über Materialeigentumsgemeinschaft (§§ 825ff. des österreichischen BGB) ab. [2]) Riezler S. 56. [3]) Erlanger I S. 40.

die Gesellschaft des Bürgerlichen Rechtes. Nun war zwar das Vorbild der Gesellschaft, die Societas, ebenfalls vom Bruchteilsprinzip beherrscht; der erste Entwurf zum BGB vertrat für die Gesellschaft durchaus die römischrechtliche Auffassung, die ja das Gesellschaftsvermögen den Vorschriften über die schlichte Rechtsgemeinschaft unterwirft, und der obligatorische Charakter der Societas hat dann auch im § 705 BGB mit seinem individuell betonten „sich gegenseitig verpflichten" seinen Niederschlag gefunden; doch hatte sich schließlich unter dem Einfluß Gierkes das deutschrechtliche Gesamthändersystem mit seiner auf personengebundene Gemeinsamkeit gerichteten Tendenz im großen und ganzen in der Gesellschaft durchgesetzt (vgl. vor allem §§ 718, 719 BGB).

Sodann ist die Verweisung auf die §§ 741 ff. BGB in § 6 LitUG deshalb nicht zu billigen, weil § 6 LitUG von einem verfaßten Werke spricht, mithin erst von dessen Vollendung ab die rechtliche Regelung einsetzt. Die Vollendung ist aber nur Ergebnis, nur Abschluß einer Mitarbeit, die sich auf einen mehr oder weniger langen Zeitraum erstreckt hat. Was § 6 LitUG regelt, ist in Wahrheit die Konfluenz von geistigen und seelischen Strömungen, ihr Auffangen in einer einheitlichen objektiven wie subjektiven Formgebung, sowie deren Abwandeln, Überarbeiten, Neufassen usw., bis die schöpferische Zeitspanne endet, eben nur in summarischer Erscheinungsform präsentiert. Also muß sich das Rechtsschutzbedürfnis auch auf die Zeit vor der Werkvollendung, auf die Zeit des gemeinsamen Schaffens erstrecken. Es bleibe dahingestellt, warum der Gesetzgeber das fertige vom werdenden Werk gerissen und nur das Recht am ersten geregelt hat. Die Notwendigkeit einer solchen Zäsur ist nicht einzusehen, eine Negierung der mannigfachen Leistungsstörungen, die sich während des Librettierens-Komponierens ergeben können, nicht gutzuheißen, vielmehr darf erst recht in dieser Zeitspanne das Rechtsschutzbedürfnis nicht verneint werden.

Daß auf das Schaffensstadium die Bestimmungen der §§ 741 ff. BGB keine Anwendung finden können, ergibt sich aus der Erwägung, daß sie solche Personenmehrheiten betreffen, die sich ohne gemeinschaftliche Zweckverfolgung, also hauptsächlich nur auf eine zufällige Tatsache hin gebildet haben; gemeinschaftliches Schaffen setzt jedoch naturgemäß einen Zweck, mag er zunächst nur ideeller Natur sein, voraus. Die Teilhaber müssen deshalb als Gesellschafter während dieser Zeit betrachtet werden, und es fragt sich nur, ob sie es auch noch im Verwertungsstadium bleiben.

Man könnte nun auf die Lösung zukommen, daß man die Beziehungen der Miturheber während des Schaffensstadiums den Gesellschaftsnormen, während des Verwertungsstadiums den Gemeinschaftsnormen unterstellt, denn die gegen letztere oben geäußerten Bedenken ergeben sich ja nur aus dem in §§ 741 ff. BGB durchgeführten Bruchteilsprinzip. Und man könnte darauf hinweisen, daß in den §§ 744 I, 745

III S. 1, 747 S. 2 BGB in der Tat gesamthänderische Tendenzen leben, daß man mithin auf Grund deren ausschließlicher Anwendung miturschaftlichen Interessenkonflikten begegnen könne. Doch scheitert diese Bestrebung daran, daß sämtliche anderen Gemeinschaftsnormen ausgeschaltet werden müßten, vor allem so wesentliche wie die Majorisierung (§ 745 I BGB) die einzelanteilige Verfügung (§ 747 S. 1 BGB) und die actio communi dividundo (§ 749 BGB). Ausschalten kann man jedoch eine Norm zwingenden Rechtes[4]) wie z. B. § 747 S. 1 BGB nicht, man würde denn den Organismus des Rechtsinstituts zerstören. Da aber § 747 S. 1 BGB im Gegensatz zu § 719 BGB einem Miturheber hinsichtlich seines Anteils ermöglichen würde, daß er trotz obligatorisch wirkender Verfügungsbeschränkungen einen außenstehenden Dritten an seiner Statt in die Gemeinschaft eintreten lassen könnte, daß die anderen Miturheber eine solche eventuelle Verletzung ihrer ureigensten Interessen nicht verhindern könnten — sie wären lediglich auf Schadensersatzansprüche gegen den Vertragsbrüchigen angewiesen —, daß sich auf diese Weise schließlich mehr Personen, die dem Werk fernstehen und nur seine finanzielle Ausbeutung verfolgen, im Gemeinschaftsverhältnis befinden als Miturheber, die nun dauernd überstimmt, unter Umständen majorisiert werden können und sich kaum mit Hilfe des § 226 BGB zur Wehr zu setzen vermögen, muß das Institut der Gemeinschaft überhaupt als nicht anwendungsfähig erklärt werden. Außerdem ist die Erwägung zu berücksichtigen, daß die Miturheber lange nach der Vollendung des Werkes sich zu einer Überarbeitung des Werkes entschließen können, daß also mitten im Verwertungsstadium der gemeinsame Schaffenszweck noch einmal neu auflebt. Hier könnte kaum eine Gesellschaft wieder an Stelle einer Gemeinschaft treten, denn trotz Berücksichtigung des Innenverhältnisses der Miturheber einerseits, muß auch andererseits das Außenverhältnis zu Dritten hinsichtlich der Werknutzungen usw. an der bisherigen Fassung des Werkes aufrecht erhalten bleiben. Während der Zeit der Überarbeitung müßte also die Gesellschaft — soweit der Vergleich angängig ist — auf die Gemeinschaft gleichsam aufgespannt werden; dies läßt sich infolge der somit komplizierter und — vor allem bei mehrfachen Überarbeitungen — immer unübersichtlicher werdenden Rechtslage nicht rechtfertigen und würde keinen nennenswerten Fortschritt gegenüber der Fassung des § 6 LitUG bedeuten. Aber abgesehen davon bleibt der vom RG (57/435) bestätigte prinzipielle Unterschied zwischen beiden Rechtsinstituten zu deutlich[5]); und es ist zuzustimmen, wenn man[6]) der Gesellschaft eine zusammenschließende, der Gemeinschaft dagegen eine auseinanderstrebende Tendenz zuweist (letztere schon daraus ersichtlich, daß es von § 749 BGB ab, also bei der Mehrzahl jener Paragraphen, sich lediglich um Auseinandersetzungsvorschriften handelt).

[4]) Planck zu II S. 484, Müller S. 60 unter Verweisung.
[5]) a. M. Saenger S. 99ff. [6]) Vgl. Müller S. 69, Haupt II zu § 2 II, S. 5.

So bleibt schließlich nur noch die eine Möglichkeit, das miturheberschaftliche Verhältnis innerhalb beider, das Schaffensstadium und das Verwertungsstadium, durch die Normen der gesamthänderisch ausgestalteten Gesellschaft regeln zu lassen. Der gemeinsame Zweck erscheint freilich dabei auf den ersten Blick nicht als beidemal der gleiche, im Stadium des Schaffens mehr ideeller Art, mehr um der produktiven Geistesarbeit willen, in dem der Verwertung eher anläßlich des materiellen Erwerbes, der durch Werknutzungen ermöglicht wird. Die Ideen, Bestrebungen und Erfolge in beiden Stadien stehen aber schließlich doch in so intensiver Wechselwirkung, daß ein sich über beide erstreckender, einheitlicher — vor allem rechtserheblich einheitlicher — Vorgang sich nicht leugnen läßt. Geisteswerke, und gleich gar musikdramatische, setzen den aufnehmenden Hörer, Librettoleser und Partiturleser voraus. Der Zweck zu Beginn des Schaffensstadiums muß also fast ausnahmslos auch die spätere Mitteilung des Geschaffenen an Dritte in sich einbeziehen. Die in beiden Stadien zweifellos verschiedenen Zweckrichtungen liegen bereits zu Beginn der Kollaboration in ein und demselben Universalzweckgedanken beschlossen.

Der für die Gesellschaftsbildung maßgebliche Arbeitsprozeß kann hauptsächlich auf dreierlei Weise vor sich gehen: der Librettist wartet mit einem fertigen Text, der Komponist mit bereits entstandener Musik auf; das erscheint in der Praxis kaum denkbar und bietet künstlerisch außerordentliche Schwierigkeiten für eine beiderseitige Verschmelzung zum Einheitswerk. Weitaus häufiger ist die — wenn die Formulierung angängig ist — sukzessive Kollaboration; der Librettist hat zum späteren Vertonen einen Text geschrieben, jetzt erst findet sich ein Komponist. Schließlich der Idealweg: beide entwickeln gemeinsam die Konzeption, unter gegenseitiger Assimilation schafft der Eine das Libretto, aus dem der Andere den Ton wachsen läßt, unter dessen Auswirkung der Erste wieder das Wort ändert, anpaßt usw.

So steht noch die Frage offen, zu welchem Zeitpunkt das miturheberschaftliche Gesellschaftsverhältnis überhaupt beginnt. Voraussetzung in der geltenden Rechtsordnung ist ein Vertragsschluß zwischen den Autoren. In der ausländischen Urhebergesetzgebung (Belgien Art. 6, Columbien Art. 50, Monaco Art. 7, UdSSR Ziff. 5 I) wurde den Autoren das Treffen vertraglicher Vereinbarungen vorgeschrieben, innerhalb des deutschen Rechtsanwendungsgebietes jedoch wird das den Miturhebern freigestellt, und die Praxis lehrt, daß davon zu Beginn des Schaffensstadiums — wenn man von bühnensiegessicheren Leuten wie z. B. Strauß/Hoffmannsthal absieht — meist kein Gebrauch gemacht wird. Man muß also versuchen, aus dem tatsächlichen Verhalten von Komponist und Librettist seine Schlüsse zu ziehen. Und da wird man wohl sagen können, daß in der Aufnahme der Kollaboration eine beiden bewußte Willensrichtung, eine Einigung zu sehen ist. Von diesen Normalfällen, zufolge konkludenter Willensäußerungen der Beteiligten Gesellschaftsverhältnisse zu begründen, müssen gewisse Fälle unterschieden werden, die eine Gesellschaftsbildung auf rechtsgeschäftlicher Grundlage nicht so recht zulassen. Das fehlende Bewußtsein der Autoren, gerade in rechtliche Beziehungen zueinander zu treten, mag einer direkten Anwendung von Vertragsregeln noch nicht im Wege stehen. Aber es ist denkbar, daß es manchmal an einer unbedingten Willensübereinstimmung zwischen den Autoren fehlen kann, vor allem bei der sukzessiven Kollaboration, wenn der Librettist sein Libretto dem Komponisten zum Studium, zur Probe oder zwecks Beurteilung gegeben hat, ohne sich damit auf ihn als musikdramatischen Partner festlegen zu wollen. Sodann, wenn eine Willensübereinstimmung überhaupt nicht vorliegt, wenn insbesondere der Komponist gegen den Willen oder ohne Wissen des Librettisten dessen Libretto vertont (über Urheberrechtsverletzungen vgl. § 9). Schließlich Gesellschaftsverhältnisse, bei denen einer der Autoren nachweislich geisteskrank oder minderjährig — bei verweigerter Zustimmung seitens des gesetzlichen Vertreters — war oder solche, die angefochten werden (vgl. unten).

Gerade für die letzte Gruppe hat die Lehre im Laufe der Zeit den Begriff der faktischen Gesellschaft herausgebildet als eines Rechtsverhältnisses, das infolge eines längeren Zusammenwirkens der Gesellschaft nicht mehr rückwirkend, sondern nur für die Zukunft aufgelöst werden kann. Allerdings kam die Lehre zu diesem Ergebnis auf Grund der oft unmöglichen „Rückentflechtung“ des Gesellschaftsvermögens als eines hauptsächlich wirtschaftlichen, materielle Güter umschließenden Faktors. Auf einen solchen Begriff des Gesellschaftsvermögens will aber das als Ergebnis der Kollaboration geschaffene Geisteswerk nicht recht passen. Man wird — auch für die anderen Fallgruppen — nach einer anderen Begründung für die faktische Gesellschaftsbildung suchen müssen.

Noch einmal ist darauf hinzuweisen, daß die Gesellschaftsbildung auf rechtsgeschäftlicher Grundlage der normale Weg ist, daß aber für die Rechtsfälle Gesellschaftsvertragsschluß in konkludenter Form sich nicht billigen läßt. In jenen Fällen ist die Kundgebung eines entsprechenden Willens seitens der Autoren nicht erfolgt; man kann sie auch nicht fingieren, nur um die Anwendung von vertragsrechtlichen Normen des BGB um jeden Preis zu ermöglichen. Die Autoren würden nicht einsehen, daß die bloße Tatsache des vollendeten musikdramatischen Werkes zur Unterstellung eines einverständlichen Zusammenwirkens zwingt, würden auch mit der Annahme fingierter konkludenter Willensäußerungen nicht zu überzeugen sein und sich einen Vertragsschluß, der zwischen ihnen stattgefunden haben soll, nicht aufzwingen lassen wollen. Und das mit gutem Recht; eine derartige rechtliche Würdigung entspräche nicht dem Tatbestand. Andererseits werden sie die Tatsache der Werkvollendung nicht leugnen, auch nicht das Zusammengehörigkeitgefühl von Partnern, das — wenn auch ihnen nicht bewußte oder von ihnen nicht gewollte — Miteinander von Gesellschaftern. Es besteht ein Gesellschaftsverhältnis, das durch keinen Vertragsschluß begründet worden ist. Zwischen Komponist und Librettist bestehen rechtliche Beziehungen, ein Vertrag jedoch existiert nicht. Es liegt offenbar einer der Fälle vor, der eine unmittelbare Anwendung der Vertragsbestimmungen des BGB nicht so ohne weiteres gestattet, da solche Tatbestände von den Schöpfern des BGB nicht berücksichtigt sind, weil hier in dessen System — wie Haupt sagt — eine Lücke klafft.

Haupt geht in diesem Zusammenhange davon aus, daß „in der Praxis des Rechtsverkehrs auf großen Gebieten das Zustandekommen von Vertragsverhältnissen ganz anders aussieht, als es nach den Regeln des BGB gedacht war". Man solle nicht, wie so oft in der bisherigen Lehre und Rechtsprechung, Willenserklärungen in den Sachverhalt hineinkonstruieren, um dann auf Grund solcher Fiktionen das Vertragsrecht anwenden zu können. Die Existenz von Vertragsverhältnissen sei oft gar nicht vom Parteiwillen abhängig, sondern vielmehr von den objektiv zu betrachtenden tatsächlichen Beziehungen. Verdichten sich diese zur Wirksamkeit eines Vertragsverhältnisses, so könne als dessen einziges Voraussetzungsmoment ein Vertragsschluß im gesetzlichen Sinne nicht mehr betrachtet werden. Die soziale Verbundenheit, die sich ja vom „neutralen Nebeneinander von lediglich Dritten" deutlich genug absetze, rechtfertige auch ohne Vertragsschluß im Effekt dieselbe rechtliche Bewertung. Aber die Begründung dafür sei nicht auf dem Wege der oben aufgezeigten Fiktion, sondern auf dem der faktischen Verwirklichung wechselseitiger Verbindungen zu suchen. Es sollen also hier zwei verschieden gelagerte Tatbestände unterschieden werden, zwei verschiedene Entstehungstatbestände von Vertragsverhältnissen, die freilich im Ergebnis dasselbe zeitigen: die Anwendung des Vertragsrechtes des BGB[7]).

Schwierigkeiten können sich dennoch ergeben. So werden Personen, bei denen die Willensbildung durch Störung der Geistestätigkeit eingeschränkt ist, von der Rechtsordnung ganz besonders geschützt. Die Willensäußerungen von Geschäftsunfähigen sind nichtig, die mit ihnen getätigten Rechtsgeschäfte unwirksam (§§ 104, 105 BGB). Doch auch Geschäftsunfähige können schöpferisch tätig sein: Mozart komponierte bereits mit fünf Jahren, Hugo Wolf schuf seine letzten Gesänge, als die Gehirnerweichung schon eingetreten war. Hölderlin und Nietzsche schrieben einiges auch nach eingetretener Katastrophe noch; Lenau dichtete Lieder, die wenig später Schumann vertonte[8]), wobei sich auf beider Schaffensprozeß die geistige Umnachtung in ihren ersten Anzeichen erstreckte. Die Kollaboration kann also nur ein tatsächlicher Vorgang, kein Rechtsgeschäft sein. Damit — so müßte man folgern — ist es unvereinbar, daß auch das Schaffensstadium vom Gesellschaftsvertrag gedeckt wird; denn dieser ist nichtig, sofern ein Geschäftsun-

[7]) Haupt II S. 9ff. [8]) Op. 90 (kompon. i. J. 1850).

fähiger mitgewirkt hat, aber das geschaffene Werk ist ja existent. Dieselbe Rechtslage ergibt sich, wenn der gesetzliche Vertreter eines minderjährigen Miturhebers (z. B. „Bastien und Bastienne“ des 11jährigen Mozart, „Peter Schmoll“ des 15jährigen Weber) diesem die Zustimmung (§ 108 I BGB) verweigert. Um aber die Werkverwertung zu ermöglichen, müßte der Geschäftsunfähige, für den sein gesetzlicher Vertreter die erforderlichen rechtsgeschäftlichen Handlungen vornehmen muß, mit dem voll geschäftsfähigen Miturheber die faktische Gesellschaft weiter aufrecht erhalten. Der gesetzliche Vertreter müßte außerdem die Befugnisse, die sich aus dem droit moral des Geschäftsunfähigen ergeben, gleichsam treuhänderisch ausüben. Genehmigt der gesetzliche Vertreter eines Minderjährigen den Vertragsschluß einer Gesellschaft, die dieser mit einem voll Geschäftsfähigen eingegangen ist, so enthält das keine generelle Ermächtigung — wie etwa in § 113 BGB. Man wird in der Genehmigung nur das Einverständnis für die Zeit des Schaffens sehen können, im Verwertungsstadium dagegen, wo die finanziellen Belange des Minderjährigen eines ganz besonderen Schutzes bedürfen, muß die Zustimmung des gesetzlichen Vertreters bei jedem von den Miturhebern gemeinsam vorzunehmenden Rechtsgeschäft als notwendig erachtet werden. Vormundschaftsgerichtliche Genehmigung (§ 1643 I BGB) ist nicht erforderlich. Keineswegs kann man aber der Ansicht[9]) sich anschließen, derzufolge eine nichtige Gesellschaft zu einer Gemeinschaft führt. Sie ist deshalb abzulehnen, weil nach ihr das Bruchteilsprinzip zum Zuge käme, was sich nur bei einem aus Sachen (§ 90 BGB) bestehenden Gesellschaftsvermögen denken ließe.

Eine andere Frage ist, ob der eine der Miturheber seine Willensklärung zum Gesellschaftsvertragsschluß anfechten kann. Das wird im Gegensatz zu Haupt[10]) zu bejahen sein. Denn dort, wo das in der faktischen Gesellschaft zum sondereinheitlichen Betriebskapital selbstständig gewordene Vermögen von einem der Beteiligten kaum mehr kondiziert werden kann, liegen die Dinge ganz anders. Zunächst wird es sich beim musikdramatischen Werk in der Regel um zwei Miturheber handeln; sodann braucht hier zwischen einer im Gründungsstadium befindlichen und einer in Vollzug gesetzten Gesellschaft nicht unterschieden zu werden, da die urheberrechtliche Gesellschaft während des Schaffensstadiums überhaupt nicht nach außen hin in Erscheinung tritt. Betriebskapital entfällt hierbei. So besteht kein Anlaß, warum die ex tunc-Wirkung der Anfechtungserklärung nicht in Erscheinung treten sollte. Der Umweg braucht nicht erst über die „auf Anfechtungstatsachen fußende Kündigung aus wichtigem Grunde“ genommen zu werden; bei Vorliegen der entsprechenden Umstände kann direkt angefochten (§§ 119, 123, 142 II BGB) und Ersatz des sogenannten negativen Interesses (§ 122 BGB) verlangt werden. Hierfür in Frage kommende

[9]) KG in OLG 27/333; Dür.-Hach. Anm. 80, S. 96, Anm. 82b, S. 101.
[10]) Vgl. Ib und II, 2 zu § 6, S. 26, 27.

verkehrswesentliche Eigenschaften (§ 119 II BGB) werden sich allerdings schwerlich anführen lassen, auf keinen Fall die Qualität der künstlerischen Leistung selbst, die sich weder vorher einkalkulieren noch danach sich gradmäßig abstufen läßt. Ein auf Schaffung eines genialen Werkes oder Werkteiles gerichteter Vertrag müßte nach § 306 BGB nichtig sein; solche Verträge werden jedoch nicht geschlossen. Anfechtung infolge Täuschung ist dagegen durchaus denkbar. Dem einen Miturheber gelingt es z.B. auf Grund von Vereinbarungen (z.B. Pauschalabfindung), im Verwertungsstadium den hauptsächlichen Gewinn an sich zu reißen; auf Grund der Anfechtung wäre dann zwischen den Beteiligten ein faktisches Gesellschaftsverhältnis anzunehmen, das im Zweifel jedem die Hälfte des Gewinnes gemäß § 722 BGB zuweisen würde.

Ein Werk sittenwidrigen Inhalts hätte die Nichtigkeit des gesamten Gesellschaftsvertrages zur Folge (§ 138 I BGB). Die Schaffung als solche verstößt zwar nicht gegen die guten Sitten, wohl aber Werkmitteilung an Dritte. Da aber der Verwertungszweck — wie oben dargelegt — bereits zu Beginn im Universalzweckgedanken beschlossen liegt, muß der ganze Vertrag für nichtig erklärt werden. Hier wäre das Werk selbst zwar existent, die Erreichung des Gesellschaftszweckes jedoch unmöglich.

Es ist noch darauf hinzuweisen, daß das zwischen Miturhebern bestehende persönliche Vertrauensverhältnis durchweg besonders eng, aufeinander abgestimmt und im Hinblick auf ein gemeinsames Ziel ausgestaltet sein muß. Auftrags-, Dienstvertrags- und Werkvertragsverhältnisse zwischen Miturhebern sind wohl denkbar, aber Begriffsdiametralen wie „Auftraggeber und Beauftragter" (§§ 662 BGB ff.), „Dienstberechtigter und Dienstverpflichteter" (§§ 611 ff. BGB), „Besteller und Unternehmer" (§§ 631 ff. BGB) entsprechen infolge des „Sich-gegenüber-Stehens" der gemeinsamen Tendenz nicht so vorteihaft und lassen außerdem der Gefahr inne werden, daß die zwischen Miturhebern wünschenswerte Koordination in Subordination abgleitet. Ganz abgestritten werden können jedoch solche Fälle nicht, besonders dann nicht, wenn der Komponist Aufbau und Gliederung des Librettos nach seiner Konzeption verfertigt hat und lediglich dessen nähere Ausgestaltung einem Librettisten überläßt, der damit in die Rolle eines Verse bauenden und Reime schmiedenden Literaten zurückgedrängt wird. Soweit für das hier zu behandelnde Innenverhältnis.

Im Außenverhältnis dagegen sind Werkverträge — weniger Dienstverträge und Aufträge — an der Tagesordnung. Theaterinstitute, Ministerien, Vereinigungen, staatliche und städtische Stellen vergeben „Opernaufträge". Auf diese Weise sind beispielsweise Mozarts „Cosi fan tutte" für den Kaiser, Beethovens „Fidelio" für das Wiener Kärntnertortheater, Spontinis „Cortez" für Napoléon entstanden. Wenn freilich Friedrich der Große ein Libretto „Montezuma" schreibt und es von seinem Hofkompositeur Graun vertonen läßt, liegt innen ein Gesellschaftsverhältnis vor.

Zusammenfassend läßt sich sagen, daß einer Regelung des miturheberschaftlichen, ganz besonders des musikdramatischen Innenverhältnisses die hauptsächlich gesamthänderisch ausgestalteten Normen der §§ 705ff. BGB wesentlich mehr genügen als die bruchteiligen der §§ 741ff. BGB, die zudem — wie der verweisende § 6 LitUG deutlich zeigt — den gesamten Vorgang nicht zu decken vermögen. Daher macht sich in diesen Fällen die Anwendung der Bestimmungen über den Gesellschaftsvertrag erforderlich.

§ 7
Anwendung der Gesellschaftsnormen im einzelnen

Was zunächst die Anwendung gerade dieser Normen auf das miturheberschaftliche Verhältnis als angebracht erscheinen läßt, ist die Tatsache, daß der Wille eines einzelnen Autors nichts gegen den Gesamtwillen aller auszurichten vermag, vielmehr hinter ihn zurücktreten und einer bruchteiligen Mitberechtigung, mithin einer unabhängigen Verfügungsgewalt (vgl. § 747 S. 1 BGB) entraten muß. Quotenrechte an den im Gesamtwerk aufgegangenen Arbeitsteilen sind ausgeschlossen. Das Institut der Gesellschaft, dessen Gesamthänderprinzip in § 719 BGB seinen besonders deutlichen Ausdruck gefunden hat, kennt — was die quotenmäßige Berechtigung anlangt — keine Einzelgegenstände, sondern nur ein einheitliches Gesellschaftsvermögen. Diese Anschauung verträgt sich vorteilhaft mit der in Abschnitt I dargelegten Einheit des musikdramatischen Werkes.

Kann aber des musikdramatische Werk überhaupt als Gesellschaftsvermögen angesehen werden? Der gesellschaftliche Vertragsschluß setzt nach Dür.-Hach.[1]) gemäß §§ 705, 241 BGB Vermögensinteressen der Beteiligten voraus, die in das gesellschaftliche Zusammenwirken bis zur oder bei der Zweckerreichung irgendwie hineinspielen. Das würde noch mit der in § 6 aufgestellten Behauptung vereinbar sein, daß die Autoren ein Werk zwecks Mitteilung an Dritte schaffen und damit einen Plan verfolgen, in den das verwertungsrechtliche Moment bereits einbezogen ist. Unbestritten können zum Gesellschaftsvermögen Rechte gehören; verschiedentlich läßt man[2]) „Patente, auch künstlerische Urheberrechte in das Gesamtvermögen fallen, wenn die Geisteswerke durch die Tätigkeit aller Gesellschafter geschaffen sind". Anscheinend verstehen die betreffenden Verfasser dann unter Gesellschaftsverhältnis nur das Verhältnis im Verwertungsstadium, sehen das Geisteswerk lediglich als finanzielles Ausbeutungsobjekt an, um ihre Auffassung, daß auch ein Geisteswerk das Gesellschaftsvermögen im Sinne des BGB ausmachen könne, einleuchtend zu begründen. Geisteswerke lassen sich jedoch nicht so ohne weiteres als Gesellschaftsvermögen im Sinne des

---

[1]) Anm. 17 S. 27, gegen die herrschende Meinung.
[2]) z. B. Dür.-Hach. Anm. 145, S. 177.

§ 718 BGB erfassen, wie sich bei der Auseinandersetzung und an anderen Stellen (s. u.) noch erweisen wird. Man hätte eben — wie in § 6 entwickelt — im Gesellschaftsverhältnis auch das Schaffensstadium berücksichtigen sollen; dann hätte man erkennen müssen, daß das werdende Werk Abbild der geistigen Strömungen seiner Schöpfer ist, und daß ebenso das fertige Werk deren individuelles Gepräge zurückstrahlt, seine „Seele" als denen seiner Autoren verwandt niemals mehr leugnen kann, sondern ideell mit deren Persönlichkeit für immer verbunden erscheint. Diese Bindung Werk-Schöpfer bleibt auch dann, wenn die Vergebung von Werknutzungsrechten finanzielle Einkünfte bewirkt. Zu dem Werkverwertungsrecht tritt das droit moral, besser gesagt, beide zusammen schützen ineinandergreifend das Werk im Rechtsverkehr. Es kann nur insoweit Gesellschaftsvermögen sein, als es mit den aus dem droit moral sich für die Miturheber ergebenden Befugnissen in Einklang gebracht werden kann. Gesellschaften ohne Gesellschaftsvermögen sind zwar denkbar; aber soweit braucht man hier nicht zu gehen. Was einer direkten Anwendung der §§ 705ff. BGB auf die Urhebergesellschaft Schwierigkeiten bereitet, bleibt die Tatsache, daß der Gesetzgeber das Institut der Gesellschaft hauptsächlich für Vereinigungen vorgesehen hat, die einen rein wirtschaftlichen Zweck verfolgen; das Gesellschaftsvermögen ist vorwiegend für Sach- und Bareinlagen gedacht, und die meisten Normen tragen deshalb dispositiven Charakter, um den vielgestaltigen und immer wieder anders gelagerten Einzelfällen des wirtschaftlichen Verkehrs gerecht zu werden. Aus diesem Unterschied ergibt sich die jeweilige Anwendbarkeit der einzelnen Bestimmungen.

Die Behauptung, daß „der Gesellschaftsvertrag ein starkes persönliches Vertrauensverhältnis schafft"[3]), findet, angewandt auf die Beziehungen Komponist-Librettist, vielleicht überhaupt bei miturheberrechtlichen Verhältnissen seine reinste Bestätigung, da im Schaffensstadium jegliches wirtschaftliche Moment ausgeschaltet ist. Der nichtwirtschaftliche Zweck erhöht noch die Personengebundenheit; jeder haftet für culpa in concreto (§ 708 BGB). Jeder Autor hat die Aufgabe, seine Kenntnisse, Fähigkeiten und Kräfte zur Erreichung des Zweckes zur Verfügung zu stellen. Von diesen Gesellschaftspflichten, denen jeder vor allem während der Kollaboration nachkommen muß, sind die Beitragspflichten zu unterscheiden; zwar bestehen diese in den meisten Fällen, vor allem bei wirtschaftlich ausgerichteten Gesellschaften, aber sie sind nicht notwendig. Das Miturheberverhältnis bedarf keiner Beiträge; man könnte an Arbeitsleistungen (§ 706 III BGB) denken, allein das künstlerische Schaffen wird von dem als allgemeine Gesellschafterpflicht anzusprechenden generellen Zusammenwirken gedeckt. Liegt beim Vertragsabschluß das Libretto bereits fertig vor, so ist es als abgeschlossene geistige Leistung anzusehen, die jedoch während des Schaffensprozesses niemals ihren Charakter als solche ablegt, sondern —

[3]) Dür.-Hach. Anm. 8 S. 18.

wenn auch ohne konkrete Tätigkeit des Librettisten — aus sich heraus neue geistige Leistungen hervorruft, indem sie die Musik zum Mitträger eines gemeinschaftlichen Einheitswerkes entwickeln hilft. Bei der sukzessiven Kollaboration wird der Komponist unmittelbar, der Librettist gleichsam mittelbar tätig. Der Begriff „Kapitalbeitrag" kann im Rechte des geistigen Schaffens keinen Platz greifen. Auch Rechte können nicht Gegenstand von Beitragsleistungen sein, da sie ja erst selbst im Entstehen begriffen sind. „Gleich" (§ 706 I BGB) können die Leistungen schon nach Art und Umfang nicht sein; der quantitative Arbeitsanteil läßt sich nur nach der subjektiven Werkform des einzelnen Falles annähernd festsetzen.

Schwierigkeiten bietet auch hier das Verhältnis der §§ 705 ff. zu den §§ 320ff. BGB. Die Motive (II, S. 598) überließen die Entscheidung darüber der Praxis und der Wissenschaft. Das RG hat in ständiger Rechtsprechung (78/305, 81/305, 89/335, —OHG—, 112/283) entschieden, daß eine nach außen hin nicht in Erscheinung getretene Gesellschaft den Normen über den gegenseitigen Vertrag unterliegen kann, nicht dagegen eine bereits in Vollzug gesetzte Gesellschaft. Vor allem läßt das Gesellschaftsvermögen als Sondervermögen nach längerer Gesellschaftsdauer keine „Rückentflechtung" zu, und der erklärte Rücktritt (§§ 326, 346 BGB) führt nur Unklarheiten und Verwicklungen herauf. Von wissenschaftlicher Seite[4]) ist aber selbst bei einer in Vollzug gesetzten Gesellschaft die Anwendung der §§ 320ff. BGB für statthaft erklärt worden, wenn sie aus nur zwei Personen besteht; der Begriff „gegenseitig" findet dann noch allenfalls seine Berechtigung. Doch läßt sich Leistungsaustausch mit dem ganz auf Interessengemeinschaft abgestellten Wesen der Miturheberschaft nicht recht vereinbaren.

Dennoch bilden Komponist und Librettist einen typischen Fall der Zweipersonengesellschaft, und es lassen sich vielleicht doch angemessene Ergebnisse mit Hilfe der Bestimmungen über den gegenseitigen Vertrag erzielen. Wohl steht einem Gesellschafter die Geltendmachung von Schadensersatzansprüchen durch die actio pro socio bei entsprechendem Sachverhalt zu; aber die genetische und funktionelle Abhängigkeit der Leistungsverpflichtungen voneinander würde bei Nichterfüllung usw. innerhalb der Gesellschaftsnormen nur den Weg über § 723 BGB gewähren, eine elektive Konkurrenz wie bei § 325 BGB würde dann hier dem Anspruchsberechtigten nicht zur Seite stehen. Die §§ 320ff. BGB dagegen lassen sich bei Leistungsstörungen im Innenverhältnis Komponist-Librettist ungleich variabler anwenden. Läßt sich auch die Erfüllung des Tatbestandes des § 324 I BGB kaum vorstellen, so erscheint um so vorteilhafter die Scheidung in Fälle, die teils im Bereich des § 323 BGB, teils in dem des § 325 BGB liegen. Das Verschuldensmoment ist wesentlich. Knapp, aber erschöpfend regelt § 323 I BGB die nicht zu

[4]) Haupt II, zu § 5 Abs. IV, 2, S. 23; Dür.-Hach. Anm. 46 S. 60ff.; Planck II, 3 zu „Gesellschaft" S. 454ff.; Staudinger II, 2 zu § 705, S. 1213ff.

vertretende Unmöglichkeit der Leistung. Wäre Händel bei der Komposition seines „Julius Cäsar" erblindet, Beethoven während der Arbeit am „Fidelio" ertaubt, so hätte der jeweilige Librettist nur sein Libretto zurückziehen können. Während hier § 323 III BGB und die Auseinandersetzung auf § 723 BGB hin in ihren Auswirkungen sich gleich kämen, fehlt für die Gesellschaft jede speziellere Norm für die Fälle, in denen der eine die Unmöglichkeit der Leistung zu vertreten hat. Dort kann § 325 BGB regelnd eingreifen. Arbeitsverzögerung bei Fristsetzung seitens eines Auftraggebers (im Außenverhältnis), grundlose Einstellung der Mitarbeit während des Schaffensprozesses, Verweigerung der Einsichtnahme in Werkteile, sofern ihre Kenntnis zur weiteren Gestaltung des Werkes unerläßlich ist, wären beispielsweise als solche Leistungsstörungen anzusprechen. Bei Verzug muß erst Mahnung und Fristsetzung (§§ 284, 326 BGB) erklärt werden. Teilweise Erfüllung wird wohl niemals verlangt werden, da Zweck der Kollaboration kaum Schaffung eines Fragmentes sein dürfte. Entschädigt werden könnte der vertragstreue Teil nur gemäß § 251 I BGB, da der Andere ihn nicht in den Zustand bei Arbeitsbeginn zurückversetzen kann (Naturalrestitution § 249 BGB). Kein Zweifel besteht dann, wenn der Schadensersatzberechtigte nachweislich in dieser Zeit eine andere gewinnbringende Tätigkeit hätte entfalten können. Sonst läßt sich die verausgabte Geisteskraft schwerlich wertmäßig erfassen. Bei Ausübung des Rücktrittsrechtes (§§ 326, 327, 346 BGB) stößt man auf die gleiche Problematik. Rein produktive Schlechtleistung kann niemals unter positive Vertragsverletzung fallen, wenn sich beispielsweise der Librettist deshalb für geschädigt hält, weil die Qualität der Musik weit hinter seinen Erwartungen zurückgeblieben ist. Niemand vermag den relativen Wertmesser für Gut oder Schlecht einer künstlerischen Schöpfung anzusetzen (allenfalls noch die Sachverständigenkammer § 49 LitUG — auch das bliebe nur eine bedenkliche Notlösung). Selbst ein „genialer" Komponist kann einmal mit einer mißlungenen Sache überraschen[5]). Über Seelen- und Geistesströmungen eines Menschen läßt sich nicht im voraus disponieren wie über eine Warenlieferung; sie sind „unberechenbar". Was letzten Endes die Anwendung der §§ 320ff. BGB erschwert, ist die Tatsache, daß sich die Bestimmungen des gegenseitigen Vertrages vorwiegend nach den Vorschriften des Kaufvertrages ausgerichtet haben.

So zeigen sich erklärlicherweise Spannungen, wenn man das junge Urheberrecht mit den traditionsgebundenen Normen des BGB zusammenzwängen will. Im übrigen wird man diese Erwägungen hinsichtlich des gegenseitigen Vertrages vor allem auf das Schaffenssta-

[5]) Dieses Problem spielte in einen Prozeß vor dem KG (v. 5. 8. 37 in Ufita XI—1938—, S. 281ff.) zwischen zwei Librettisten und einen Komponisten hinein. Nicht daß sich dortselbst der Komponist den Anderen zur Tantièmegarantiezahlung von 4000.— RM verpflichten mußte, ist bedenklich, sondern die Darlegung der Librettisten, sie hätten sich nur sichern wollen für den eventuellen Fall eines Mißerfolges der Komposition.

dium beziehen können; auf das Verwertungsstadium vorwiegend dann, wenn in diesem die Miturheber durch Neufassungen, Überarbeitungen usw. zur Fortsetzung ihrer früheren Kollaboration veranlaßt werden.

Was die Verwaltung des Geisteswerkes-Gesellschaftsvermögens anlangt, so wird man Verwaltungshandlungen außerhalb des Rahmens und im Rahnem der Geschäftsführung zu unterscheiden haben.

Außerhalb des Rahmens der Geschäftsführung können die miturheberschaftlichen Gesellschafter ihre Beschlüsse ob deren fundamentaler Bedeutung nur kollektiv[6]) fassen. Ihr Bereich läßt sich vierfach gliedern: Änderung des Gesellschaftsvertragsinhaltes, vor allem Hinzuziehung weiterer Komponisten oder Librettisten zur Werkschaffung; aber auch schon Vornahme von Überarbeitungen, Neufassungen usw. durch die Miturheber selbst; sodann Änderung der Geschäftsführungsregelung; schließlich die Privatvermögensexistenz der Autoren überdurchschnittlich in Anspruch nehmende Akte[7]) wie beispielsweise der Abschluß eines Universalverwertungsvertrages mit einem Musikverlagshaus, der die Autoren zur Zahlung meist außergewöhnlich hoher (Partitur-)druckkostenzuschüsse verpflichtet.

Im Rahmen der Geschäftsführung ergeben sich wiederum zwei Fallgruppen. Die eine setzt Kollektivgeschäftsführung gemäß § 709 BGB zwingend voraus: es handelt sich um Auswirkungen des droit moral, dessen Wahrnehmung infolge Verschmelzung der individuellen seelischen und geistigen Strömungen im Werk de lege ferenda keinem Geschäftsführer übertragen werden sollte: Ausübung des Veröffentlichungsrechtes generell[8]) — wie es auch speziell in den einzelnen Werknutzungsrechten steckt, die andernfalls so gut wie wertlos wären —, des Änderungsrechtes, damit des Rechtes, gegen Verschandelungen des Werkes vorzugehen, schließlich der Rechte aus § 9 I LitUG. Speziell für die Erstveröffentlichung, bei Opern praktisch für die Uraufführung, müßte das Geltung haben, weil das Gesetz an die Erstveröffentlichung wichtige Rechtsfolgen (vgl. §§ 7 III, 10 S. 2, 11 III, 21, 27, 29, S. 1, 35 LitUG) knüpft[9]).

[6]) Vgl. Dür.-Hach. Anm. 106a S. 130, Anm. 126 S. 155.

[7]) Was etwa den Kapitalerhöhungen der wirtschaftlich ausgerichteten Gesellschaften im finanziellen Effekt gleichkäme.

[8]) Wichtig z. B. für den Fall, daß die Miturheber in der Zeit zwischen Übertragung des Aufführungsrechtes und der Aufführung ihrer Oper plötzlich von einer Oper gleichen Namens Kenntnis erhalten, die von anderen Autoren stammt, die vielleicht dieselbe Konzeption verfolgen, denselben Aufbau, in derselben Gliederung vielleicht gar Themenmaterial von ihnen wegnehmen; dann muß ihnen die Untersagung der Aufführung vorbehalten bleiben, wenn sie glauben, sonst des tonkünstlerischen Plagiats bezichtet zu werden. Vgl. de Boor II, S. 43, 68.

[9]) Soviel ergibt sich, daß die gesamthänderisch ausgestaltete Gesellschaft den urheberrechtlich so wichtigen Vorgang der Erstveröffentlichung müheloser erfaßt als die Gemeinschaft, die für das zugrunde liegende Kausalgeschäft den Weg über § 745 III BGB nehmen müßte, um sich wenigstens nicht vom Gesamthänderprinzip abzusetzen. In der ausländischen Urhebergesetzgebung wird für die Erstveröffentlichung nur z. T. Einstimmigkeit vorausgesetzt, so vor allem bei den

Die andere, unverhältmäßig größere Fallgruppe dagegen, gestattet auch andere Regelungen des Geschäftsbesorgungsverhältnisses (vgl. §§ 710—715 BGB). Vor allem wird Einzelgeschäftsführung und Einzelvertretungsmacht dann angebracht sein, wenn einer der Miturheber besonders geschäftsrege oder in der wirtschaftlich vorteilhaften Werkvertretung erfahren ist. Auch hier werden sich meist Geschäftsführungs- und Vertretungsbefugnis decken; ebenso ist Beschränkung der Befugnisse auf Einzelgeschäfte oder bestimmte Geschäftsbereiche möglich. Dem bzw. den Ausgeschlossenen verbleibt das Entziehungs-, Informations- und Kontrollrecht der §§ 712, 716 BGB.

In der Mehrzahl der Fälle werden freilich die Miturheber von der Kollektivgeschäftsführung nicht abgehen. Das Gesamthänderprinzip schafft übersichtliche und unproblematische Rechtslagen bei den einzelnen[10]) Verwaltungshandlungen. Die Handlung kann nur bei Willensübereinstimmung vorgenommen werden, bei Widerspruch seitens eines Miturhebers muß sie unterbleiben (Klagemöglichkeit, falls Widerspruch den Gesellschaftsvertrag verletzt, vgl. in § 9). Das gilt insbesondere für die den urheberrechtlichen Verfügungen zugrundeliegenden Verpflichtungsgeschäfte, wohingegen bei der Gemeinschaft jedesmal zu fragen wäre, ob die Folge des Kausalgeschäfts eine wesentliche Veränderung (§ 745 III BGB) des Werkes wie bei der Erstveröffentlichung nach sich zieht oder nicht (§ 745 I BGB); letzterenfalls käme das untragbare Bruchteilsprinzip zum Zuge.

Noch zutreffender erweist sich das Gesellschaftsinstitut bei Verfügungsgeschäften, vor allem bei Übertragungen. Die Verfügung über einen Gesellschafteranteil an den einzelnen Vermögensgegenständen ist nichtig. Die hier zugrundeliegende Interessensituation entspricht dem. Der Miturheber kann infolge der Verschmelzung keinen Einzelanteil an Partitur oder Libretto geltend machen. Allerdings gestattet das Gesetz eine Verfügung im allseitigen Einverständnis über den einzelnen Vermögensgegenstand selbst. Dies widerstreitet jedoch der Werkunität. Die gesamthänderische Bindung im Miturheberverhältnis greift also noch weiter als die in § 719 BGB, da hier zur Personengebundenheit noch die Unteilbarkeit des Geisteswerkes tritt, im Gegensatz zu den

---

nordeuropäischen Staaten: Island Art. 6, Schweden § 7, Finnland § 16, Norwegen § 8, Dänemark § 26 I; aber auch Luxemburg Art. 6, Ungarn § 1 II, Jugoslawien § 11. Dagegen entscheidet die Majorität — was dann wichtig wird, falls mehr als zwei Miturheber beteiligt sind — vor allem bei den süd- und mittel-(latein-)amerikanischen Staaten: Nicaragua Art. 745, Brasilien Art. 653, Mexiko Art. 1195, Venezuela Art. 53; ebenso Portugal Art. 22 § 1/2. Der Überstimmte kann sich dann weigern, die weiteren Kosten zu tragen, geht aber jeden Gewinnanteils verlustig. Japan Art. 13, ihm folgend Rumänien Art. 39, bringen dazu noch die Variante, daß dann der Name des Überstimmten ohne seine Einwilligung nicht auf dem Werk angegeben werden darf (droit moral!). In Italien gem. § 18 III, Rumänien Art. 36 und der Tschechoslowakei entscheidet bei Meinungsverschiedenheiten das Gericht (vom E 1932 in § 8 I, S. 42 akzeptiert).

[10]) Vgl. Siber in Iherings Jahrb. Bd. 67 (Jhrg. 1917) S. 136f.

meist leichter teilbaren wirtschaftlichen Gegenständen des Gesellschaftsvermögens in anderen Fällen (vgl. §§ 90, 733 III BGB). Es mag zugegeben werden, daß sich Libretto und Partitur als rein äußerlich gesonderte Verständigungsformen hin und wieder auch gesondert verwerten lassen, beispielsweise die Übersetzung in andere Sprachen, die nur das Libretto betrifft; oder Aufführung der Musik ohne Gesang im Konzertsaal (z. B. Ouvertüre, Ballettmusik und Zwischenaktmusik aus Schuberts „Rosamunde" oder Tristanvorspiel und die orchestrale Einkleidung zu Isoldes Tod als kombiniertes Konzertstück). Das bleiben aber nur ganz vereinzelte Fälle.

Auch Verwaltungshandlungen im engeren Sinne[11]) wie beispielsweise genauere Durchführung einer Vortragsreise nach Übertragung des Vortragsrechtes, Rollenbesetzungsfragen, dramaturgische Besprechungen, Angabe von Regieanweisungen, Orchesterproben bei der Einstudierung, Mitwirkung bei Rundfunkreportagen hinsichtlich des Werkes, Vorverhandlungen mit Filmproduktionsstätten über Verwendung von Opernmusik, Widmungen, Verteilung der hereinkommenden Honorare, Tantième, Prämien usw. können nur übereinstimmend vorgenommen werden. Interessenkonflikte, die es auch hier geben wird, lassen sich auf diesem Wege vorteilhafter aus der Welt schaffen als nach Gemeinschaftsnormen, nach denen die Anteilshöhe (§ 745 I S. 2 BGB) maßgebend ist; wenn auf ein Gutachten der Sachverständigenkammer hin dem Komponisten eine ideelle Quote von 51%, dem Librettisten von 49% zugebilligt wird, dann erscheint eine derartige Minorisierung sichtlich unangemessen.

Was die Prozeßführung anlangt, so sind die Miturheber als solche Partei, da eine Urhebergesellschaft nicht wie eine OHG klagen und verklagt werden kann. Klagen die Miturheber einen Anspruch hinsichtlich des Werkes ein, so sind sie notwendige Streitgenossen (§ 62 ZPO). Ein vertretungsberechtigter Miturheber kann zur Prozeßführung besonders ermächtigt werden.

Die Verwaltungshandlungen der musikdramatischen Miturheber speziell erschöpfen sich meist — zumindest früher — im Abschluß eines Universalverwertungsvertrages. Seit jeher war es Brauch, das musikdramatische Werk an einen namhaften Musikverlag „unbeschränkt" zu übertragen; auch noch in den letzten Jahren, da die GEMA nur die sog. „kleinen Aufführungsrechte" übernommen hat. Übertragung an einen Aufführungskommissionär ist entgegen einer im Schrifttum weit verbreiteten Annahme höchst selten. Sogenanntes geteiltes Verlagsrecht[12]) findet in Musikverlagskreisen kaum Anwendung; damit entfällt auch diese Unterart der räumlich-beschränkten Übertragung. De lege ferenda sollte die Ausübung der aus dem Veröffentlichungsrecht und

---

[11]) Es ließe sich noch die besondere Gruppe der Erwerbsgeschäfte anführen (z. B. Entgegennahme von Tantièmezahlungen.)

[12]) Wie Daude S. 28 ausführt.

Änderungsrecht (neben den aus § 9 I LitUG) entspringenden Befugnissen auch nach der Übertragung den Miturhebern verbleiben. Wollen die Miturheber keinen Universalverwertungsvertrag eingehen, so müßten sie das als Einheit gedachte Werkverwertungsrecht gleichsam aufsplittern und es in Gestalt von Partialverwertungsrechten (Vervielfältigungsrecht, Verbreitungsrecht, Senderecht, Vortragsrecht, Aufführungsrecht, Vorführungsrecht, Dramatisierungsrecht, Novellisierungsrecht, Übersetzungsrecht usw.) in den Verkehr bringen[13]).

Bei der Behandlung der Gesellschaftsauflösungsgründe sind infolge des an die Stelle des Sach- oder Bargesellschaftsvermögens getretenen Geisteswerkes vier Gruppen voneinander zu sondern.

Die erste Gruppe umfaßt die Kündigung durch einen Gesellschaftsgläubiger (§ 725 BGB) und die Eröffnung des Konkurses über das Privatvermögen eines Gesellschafters (§ 728 BGB). Das Ziel der Gläubiger ist beidesmal dasselbe: das im Gesellschaftsvermögen aufgegangene Vermögen des Gesellschafters-Gemeinschuldners soll zu ihrer Befriedigung frei werden. Voraussetzung der Kündigung ist die Pfändung des Anteils am Gesellschaftsvermögen als an einem „anderen Vermögensrechte" (§§ 725 BGB, 857, 859 ZPO); im Zeitraum zwischen Pfändung und Kündigung kann der Gläubiger nur den Anspruch seines Gesellschafters-Gemeinschuldners auf den Gewinnanteil[14]) als eines abtretbaren Anspruchs (§ 717 S. 2 BGB) geltend machen. Entscheidend greift jedoch der Umstand ein, daß ein Geisteswerk den Mittelpunkt der Auseinandersetzung bilden soll; dem § 859 ZPO widerstreitet die wichtige urheberrechtliche Bestimmung des § 10 LitUG. Nach ihm soll das „Recht des Urhebers" nicht den Rechten gleichstehen, in die nach dem VIII. Buch der ZPO vollstreckt werden kann. Die vermögensrechtlichen Elemente haben die Bestimmung des § 10 LitUG gewiß nicht heraufgeführt; verursacht muß sie demnach durch die persönlichkeitsrechtliche Sphäre sein. Diese Doppelseitigkeit des Urheberrechts hat der Gesetzgeber dadurch gemeistert, daß er primär den Schutz des droit moral durch das Pfändungsverbot festlegte. Erst sekundär hat er die vermögensrechtlichen Gläubigerinteressen berücksichtigt, indem er den Urheber selbst vor die Alternative stellt, ob er mit dem Pfändungsverbot einverstanden ist oder ob er durch eine privatrechtliche Handlung den unpfändbaren Gegenstand zum pfändbaren machen will, desgleichen ob er ihn in die Konkursmasse fallen lassen will. Diese Regelung hat eine gewisse Ähnlichkeit mit § 888 II ZPO, demzufolge nach dem Prinzip der Realvollstreckung die menschliche Arbeitskraft nicht der Exekution unterliegen kann; der Unterschied zwischen beiden ist darin zu suchen, daß der Arbeitskraft als solcher hier die Bindung Werk-Schöpfer als

[13]) Wieweit bei Übertragungen der Begriff „beschränkt" — vgl. de Boor I S. 222 — zutreffend ist, kann in diesem Zusammenhang unerörtert bleiben.

[14]) Evtl. auch den aus seiner Geschäftsführung sich ergebenden Anspruch gemäß § 717 S. 2 BGB.

Ergebnis einer geistigen Arbeitsleistung gegenübersteht. Die Bindung kann auch beim musikdramatischen Einheitswerk keine andere sein; sie endet nur nach der einen Seite hin nicht bei einer Person, sondern bei zwei oder mehreren Miturhebern. Die Zwangsvollstreckung gemäß § 10 LitUG in ein solches Werk kann nur dann erfolgen, wenn beide Autoren ihre Zustimmung erteilt haben. Der Zugriff des Gesellschaftsgläubigers muß am Widerspruch auch nur eines Miturhebers scheitern. Sinn des § 10 LitUG ist also, daß Schöpfer eines Geisteswerkes imstande sein sollen, sich gegen jeden Zwang zu behaupten.

Die zweite Gruppe beschränkt sich auf die Beziehungen der Gesellschafter untereinander. Die Frage wäre zu stellen: Kann gegen den Wunsch und Willen des — der — anderen Miturheber einer derselben die Gesellschaft gemäß § 723 BGB kündigen? Die Gesellschaft würde ins Liquidationsstadium eintreten, zur Ergänzung der diesbezüglichen Vorschriften (§§ 730—735 BGB) müßten gemäß § 731 BGB Bestimmungen des Gemeinschaftsinstitutes (§§ 749ff. BGB) herangezogen werden. Damit käme jedoch wieder das Bruchteilsprinzip zum Zuge, das — wie in § 6 dargelegt — mit dem Wesen der Miturheberschaft unvereinbar ist. Denn das Urheberrecht steht jedem Miturheber an jeder, auch der kleinsten Einheit des Geisteswerkes zu. Bei der von einem Miturheber verlangten Teilung würde dem anderen unweigerlich ein Teil seines Urheberrechtes entrissen; gegen seinen Willen würde die Bindung Werk-Schöpfer zwangsweise durchschnitten. Es soll aber kein Zwang wie bei der Zwangsvollstreckung auf den Urheber ausgeübt werden, nicht nur vor der Veröffentlichung, wie verschiedentlich[15]) ausgeführt wird, sondern auch danach; denn weitere Verfügungen, die sonst von allen nur gemeinsam getroffen werden, würden nun ferner — wenn beispielsweise eine zwangsweise Teilung nach Werknutzungsrechten erfolgte — nur noch in der Hand eines einzigen liegen. Da eine Teilung des Geisteswerkes (§ 752 BGB) unmöglich ist, hat man im Schrifttum[16]) einen Zwangsverkauf gemäß § 753 BGB durch § 10 LitUG als ausgeschlossen erachtet. Diese Ansicht ist als die herrschende zu bezeichnen, ganz im Gegensatz zur Begründung des E 1901[17]), wonach lediglich die Zwangsvollstreckung durch den Gläubiger (Außenverhältnis) Beschränkungen erleiden soll, nicht aber die zwangsweise Auseinandersetzung (Innenverhältnis, § 753 BGB). Daß der Widerspruch eine Aufhebung unmöglich macht, bestätigt das hier allein anzuwendende Gesamthänderprinzip.

Während man die von der einen Seite gewollte, von der anderen nicht gewollte Auflösung der urheberrechtlichen Gesellschaft ablehnt,

---

[15]) Astor S. 39, Petzl S. 48, Erlanger I S. 74.

[16]) Hirschberg S. 29, 49; Kahn S. 26; Riezler S. 60, 61; Schreyer S. 40; Petzl S. 52; de Boor I S. 369, 370; Erlanger I S. 72, und unter Hinweis auf die Ausführungen de Boors in seiner 2. Aufl. Allfeld S. 93 Nr. 14 zu § 6; a. M. Daude S. 31; schwankend Lindemann S. 46, Marwitz-Möhring S. 63.

[17]) S. 20 zu § 10.

bleibt die weitere Frage offen, ob die Auseinandersetzung möglich ist, wenn sich nun alle Miturheber mit ihr einverstanden erklären. Damit käme man zur dritten Auflösungsgruppe, etwa auf Grund eines Aufhebungsvertrages[18]). Die der Auflösung folgende Auseinandersetzung soll das Gesellschaftsvermögen seiner Gebundenheit entledigen und jedem Gesellschafter sein Vermögen zuweisen, entweder durch Naturalteilung (§§ 731, 752 BGB) oder durch Versilberung (§ 733 III BGB). Das Begriffsmoment Zwang entfällt zwar, aber wie soll geteilt bzw. versilbert werden? Hierbei geht es nicht nur um die Bindung Werk-Schöpfer, sondern um das Werk selbst. Dieses ist als geistige Tatsache eine unteilbare substantielle Einheit. Löste man das Werk in seine Teile auf, so bliebe ein so gut wie wertloser Torso übrig; man zerstörte somit das Ganze. Eine Oper ohne Libretto ist keine Oper, eine Oper ohne Partitur ist auch keine Oper. Aber die Tatsache des geschaffenen Werkes ist ja existent, ist überhaupt nicht wieder zu beseitigen. Und was die Beziehungen der Schöpfer zum Werk anlangt, so laufen ideelle Fäden seitens jeden Miturhebers zu allen Werkquanten, Werkzellen oder wie man sie bezeichnen will, hin. Zufolge der Auswirkungen des droit moral[19]) ist eine Auseinandersetzung unmöglich. Der kurze Satz: „Eine Teilung des Urheberrechtes ist undenkbar", den 1871 Endemann[20]), wohl der erste Kommentator zum alten UG von 1870 prägte, hat auch heute seine volle Geltung; ebenso Gierkes Feststellung, daß Ausübung der Werknutzung zwar verschiedenartig geregelt werden kann, daß eine Teilung des Miturheberrechtes der Substanz nach jedoch ausgeschlossen[21]) ist. Betrachtet man dazu die anderen Handlungen im Liquidationsstadium, Geltendmachung des Gesellschafteranspruches auf Rückgabe der zum Gebrauch überlassenen Sachen (§ 732 BGB), auf Berichtigung der Gesellschaftsschulden aus dem Gesellschaftsvermögen (§ 733 I S. 2 BGB), auf Rückerstattung der Einlage (§ 733 II S. 1 BGB), so erkennt man wiederum den Zuschnitt dieser Bestimmungen auf Gesellschaften, welche wirtschaftlichen Zwecken dienen; hier sind sie unbrauchbar.

Die persönlichkeitsrechtliche Sphäre läßt mithin den „Abbau der gesellschaftlichen Organisation" nicht zu, was darauf hinausläuft, daß die Miturheber eine Art „ewige" Gesellschaft bilden. Damit verbleibt es jedoch weiterhin bei der problematischen Situation, daß das bei den letzten Fallgruppen meist gespannte, irgendwie nicht ganz in Ordnung befindliche Miturheberverhältnis nicht beseitigt werden kann. Das Betreiben der Auseinandersetzung ist in der Regel — nicht immer! — eine Folge von Streitereien zwischen den Miturhebern, die deren Be-

[18]) Entsprechend einer Auflösung kraft Gesellschafterbeschlusses § 131 Ziff. 2 HGB.

[19]) Zutreffend E 1923 S. 42; verfehlt sind die Behauptungen Hirschbergs (S. 62) und Astors (S. 59), daß die Auseinandersetzung statthaben kann und damit das Miturheberrecht erlischt.

[20]) S. 33.

[21]) S. 783.

ziehungen zueinander dauernd beeinträchtigen und sie schließlich zu einem unerquicklichen Verhältnis steigern, dessen Beendigung für die fernere Zeit von einer, mehreren oder gar allen Seiten gewünscht wird.

Man kann auf die Lösung zukommen, das gesamte Werkverwertungsrecht dem Träger der höheren bzw. höchsten Quote (§ 8) zu übertragen. Vielleicht läßt sich dazu sagen, daß der betreffende Miturheber deshalb nicht zum Schaden des — der — anderen handeln kann, weil er damit, was die finanziellen Einkünfte und deren quotenmäßige Verteilung anlangt, sich selbst am meisten schädigen würde. Bedenklich stimmt dann aber die Erkenntnis, daß die zufällig höhere Quote dazu dienen muß, das Prinzip der Koordination überhaupt zu beseitigen und an dessen Stelle das Totale gegen das Nichts zu setzen. Ohne Zweifel wird der ganz ausgeschlossene Gesellschafter darin eine unverdiente Zurücksetzung sehen; er wird mißtrauisch.

Demgegenüber ließe sich prüfen eine Aufsplitterung des Werkverwertungsrechtes, eine Verteilung der einzelnen Werknutzungen auf die Miturheber, die sich nicht verständigen können. sondern egoistisches Handeln bevorzugen. Derartige Regelungen sind allerdings denkbar, durch vertragliche Vereinbarung oder durch gerichtliches Urteil. Der Modus kann ein verschiedenartiger sein. Kohler[22]) und seine Nachfolger in der Methode[23]) haben — soweit ersichtlich — drei Hauptarten herausgebildet. Die erste würde eine separate Ausbeutung des Werkes durch jeden in jeder Weise im Gefolge haben. Daß jedoch durch derartige groteske Konkurrenz untereinander der Unübersichtlichkeiten, Mißverständnisse, Streitereien, Fehldispositionen ungezählte würden, liegt auf der Hand und wurde auch teilweise zugegeben. Etwas besser ist es, nach regionalen Gesichtspunkten zu teilen, was innerhalb Deutschlands praktisch nur so denkbar wäre, daß jeder Miturheber eine Anzahl von Ländern zugewiesen erhielte. Aber der weitflächige Aktionsradius der heutigen Mitteilungsmöglichkeiten, insbesondere die auf rein technischer Grundlage entwickelten und noch zu entwickelnden, würden auf die Dauer den auf solche Weise beabsichtigten Verwertungserfolg abdrosseln. Drittens wäre eine Vergebung der einzelnen Werknutzungsrechte selbst möglich, so daß der eine das Vervielfältigungs- und Verbreitungsrecht erhält, der andere das Aufführungsrecht, der nächste das Senderecht usw. Mißlich ist aber hierbei, daß die einzelnen Werknutzungen verschiedene Erträge abwerfen können, daß durch Erfindung neuer Werknutzungsmöglichkeiten sich erneute Komplikationen unter den Miturhebern ergeben können, daß in der Praxis zumeist das Eine vom Anderen abhängig ist: die Rundfunksendung von der Bühnenaufführung, diese wiederum von der Drucklegung. In allen drei Fällen erschwert sich noch die Rechtslage, wenn die einzelnen Werknutzungsrechte, über die als solche ja jeder einzelne im Gegensatz zu vorher

[22]) I S. 272.

[23]) Hirschberg S. 54ff., Astor S. 55ff., Schreyer S. 40ff., Erlanger I S. 76ff.

selbständig verfügen könnte, an Dritte, von denen an andere usw. übertragen würden. Auch eine Abgrenzung im zeitlichen Sinne könnte nur etwa im Jahresabstand ihre Wirkung äußern. Aber dann würde wahrscheinlich der Gesamtnutzungsberechtigte des ersten Jahres den „Löwen"anteil erhalten, und die nach ihm ausgestatteten Miturheber relativ wenig oder nichts.

Reicht für eine zufriedenstellende Lösung das Miturheberverhältnis selbst nicht aus, so muß man die Einbeziehung dritter Personen ins Auge fassen. Die am wenigsten einschneidende Maßnahme wäre die Beauftragung einer dritten Person mit der Führung der Gesellschaftsgeschäfte[24]). Der Dritte steht den geschäftsführenden Gesellschaftern nicht gleich, sondern fungiert lediglich in deren Auftrage. Die Miturheber werden diesen Ausweg wählen, wenn er ihnen für die notwendige gegenseitige persönliche Separierung genügt.

Am idealsten ließe sich dem diesbezüglichen Bestreben der Mitautoren durch die Übertragung (§ 8 LitUG) des Gesamtverwertungsrechtes, mithin aller Werknutzungen, an einen Dritten entsprechen. Um der Interessenlage dabei gerecht zu werden, darf man nicht Kohlers[25]) Lösung heranziehen. Er läßt zwar das Urheberrecht adjudizieren, aber dieses ist identisch mit dem Immaterialgüterrecht, während die dem droit moral entsprechenden Individualrechte den Miturhebern zwar verbleiben, aber ein vom Immaterialgüterrecht völlig getrenntes Leben führen. Nach h. A. umspannt jedoch das Urheberrecht Werkverwertungsrecht wie droit moral, sodaß es niemals total einem Dritten, einem Nichtautor, übertragen werden kann. Die Rechtsbeziehungen zu dem Dritten müssen freilich zweckentsprechend ausgestaltet sein. Der Schuldvertrag, welcher der verfügenden Übertragung zugrunde liegt, muß ihn verpflichten, den Reingewinn aus den Werknutzungen an die Miturheber abzuführen abzüglich des Betrages, der ihm als Entgelt für seine Tätigkeit zufällt. Es ist mehr als ein Geschäftsbesorgungsverhältnis (§ 675 BGB), aber kein Dauerpauschalverhältnis, das vielleicht bei Kohlers Adjudikation herauskäme, da die Befugnisse aus dem droit moral der Miturheber sich nie — allenfalls nur der Ausübung nach — von denselben lösen können, und außerdem auch im Verwertungsrecht allgegenwärtig sind. Der Dritte nimmt etwa die Stellung eines Treuhänders ein. Da diesem Vorgang im rechtlichen Effekt weitgehend der oben erwähnte Musikverlagsvertrag entspricht, ist dieser Lösung zuzustimmen.

In der vierten Gruppe der Auflösungsgründe ist der Tod eines Gesellschafters (§ 727 BGB) in seiner rechtlichen Auswirkung zu behandeln. Das im Vorhergehenden immer wirkungsvoller sich zur Geltung bringende droit moral bestätigt die Erkenntnis, daß die Persönlichkeit inner-

---

[24]) Vgl. Dür.-Hach. Anm. 106 S. 129.

[25]) I S. 277; Kohler beschränkt die Adjudikation allerdings auf Miturheber; vgl. auch Voigtl.-Elster S. 97 Nr. 4 zu § 6. Der Grundgedanke kann aber auch Anwendung auf die Beziehung zu Ausstehenden finden.

halb der Urhebergesellschaft beherrschender sich auswirkt als bei sonstigen Gesellschaften, bei denen ein Wechsel in der Mitgliedschaft unter Fortbestand und Wahrung der Identität der Gesellschaft (§§ 736ff. BGB, analog § 130 HGB) stattfinden kann. Der Unterschied könnte formuliert werden: die Person ist ersetzbar, die Persönlichkeit nicht. Gleichwohl steht nach wie vor im Mittelpunkt der Interessenlage das Geisteswerk. Infolge seiner nicht mehr zu beseitigenden Existenz muß die gesamthänderische Gebundenheit weiter aufrecht erhalten bleiben, und damit die Gesellschaft, die der überlebende Urheber nun mit den eventuellen Erben oder Treuhändern des Verstorbenen fortführt. Allerdings kann man eine solche Gesellschaft nicht mit den Typen vergleichen, die bei Mitgliedschaftswechsel die Gesellschaft identisch fortbestehen lassen; dazu zwingt der nicht zu ersetzende Verlust jedes Geistesschaffenden als einer — besonders im Künstlerischen — höchstindividuell gestaltenden Persönlichkeit. Dennoch ließe es sich angesichts der primären rechtlichen Bedeutung des Werkes nicht rechtfertigen, nun Beendigung der alten und Beginn einer neuen Gesellschaft anzunehmen. Sind Erben des Verstorbenen vorhanden, so erscheint vordringlich die Regelung der Wahrnehmung aller Befugnisse, die sich aus dem droit moral des Verstorbenen ergeben. Zunächst mag der andere Miturheber geeignet erscheinen, die persönlichkeitsgebundenen Beziehungen zum Werk auf Grund gemeinsamer Tätigkeit und infolge des mit dem Schicksal des Gesamtwerkes auf Gedeih und Verderb verbundenen Interesses wahrzunehmen. Doch ist zu bedenken, daß er sich nicht überall als zuverlässig erweist und nicht immer nach Treu und Glauben im Sinne des Verstorbenen handelt. Daher wäre es zweckentsprechender, das Persönlichkeitsrecht eines Miturhebers nach dessen Tode den nächsten Angehörigen selbst oder seinem Treuhänder[26]) anheim zu geben. Würde man das Werkverwertungsrecht als eine von den Fäden des droit moral durchzogene unveräußerliche Einheit ansehen, so könnte es nicht auf die Erben kommen. Die Erben aber wollen und sollen an die vermögensrechtlichen Elemente des Urheberrechtes heran, sonst wäre das Erbrecht gegenstandslos. Die Erben, die zumindest den Reingewinnanspruch gemäß dem Anteil des Verstorbenen haben, würden dann neben dem Treuhänder, falls dieser das droit moral wahrnimmt, in Beziehungen zum überlebenden Miturheber treten.

Stirbt der eine Miturheber ohne Erben (§ 8 II LitUG) so ergibt sich dieselbe Rechtslage wie beim Verzicht seitens eines Miturhebers: sein Anteil akkresciert dem — bzw. nach ihrem anteiligen Verhältnis den — überlebenden Miturheber(n)[27]). Da es bei Personalgesellschaften keine

[26]) de Boor II S. 97.

[27]) Seit Kohler herrschende Meinung: vgl. Hirschberg S. 36, Astor S. 47, Riezler S. 61, Erlanger I S. 76; dagegen Behn S. 7. Man folgerte das aus der Erwägung, daß eine Sache nicht zum Teil im Eigentum stehen, zum anderen Teil herrenlos sein könne.

sogenannte Einmanngesellschaften gibt, ist dieser Fall als der einzige anzusprechen, der zur Beendigung einer Urhebergesellschaft führt.

Andere Auflösungsgründe kommen nicht in Betracht. Die Werkverwertungsmöglichkeiten — soweit sie nicht schon wie zumeist am Anfang versiegen — sind zwar finanziell schwankende, aber bis 50 Jahre nach dem Tode des letztversterbenden Miturhebers (vgl. § 12) nie endende. Somit kann es zur Beendigung der Gesellschaft beispielsweise auf Grund des Erreichens oder Unmöglichwerdens des Gesellschaftszweckes (§ 726 BGB), Zeitablaufs (analog § 131 Ziff. 1 HGB), des Eintritts einer auflösenden Bedingung (§ 158 II BGB) nicht kommen.

§ 8
Gewinnanteile am musikdramatischen Werk

Zu untersuchen ist, wie hoch der Gewinnanteil (§ 722 BGB) des Komponisten wie des Librettisten zu veranschlagen ist. Es muß zugegeben werden, daß hierbei gelegentlich vertragliche Vereinbarungen zwischen beiden getroffen werden, daß sie ihren prozentualen Anteil gegenseitig abgrenzen. So oft wird jedoch nicht kontrahiert bzw. die Anteilshöhe in einem stillschweigend geschlossenen (vgl. § 7) Vertrag festgelegt, wie immer angenommen wird. Setzt sich dann das Werk erfolgreich durch, so droht oft ein Konflikt zwischen den Beteiligten. Die inländische (§ 722 BGB) wie die ausländische (z. B. Türkei Art. 16, Brasilien Art. 653, Italien Art. 18 I, 19, Argentinien Art. 16, Uruquay Art. 26) Urhebergesetzgebung weisen mangels einer vertraglichen Abmachung im Zweifel jedem die Hälfte zu (nur im spanischen UG von 1879 Art. 96ff. erhält der Komponist zwei, der Librettist ein Drittel).

Wird keine Einigung erzielt, so sollte das Gericht nicht 50% zu 50% (vgl. § 722 BGB) entscheiden, sondern ein Gutachten beiziehen. Zu diesem Zweck hat das Gesetz Sachverständigenvereine, seit 1901 Sachverständigenkammern (§ 49 LitUG) vorgesehen. § 1 der Bestimmungen des Reichskanzlers über die Zusammensetzung und den Geschäftsbetrieb der Sachverständigenkammern für Werke der Literatur und der Tonkunst vom 13. 9. 1901[1]) führt jedoch nur gesonderte Kammern für Werke der Literatur einerseits und der Tonkunst andererseits an, eine der unglücklichen Auswirkungen des § 5 LitUG. Erwünscht wäre die Bildung einer Sachverständigenkammer speziell für Opernwerke und dgl.[2]). Aber wie soll eine solche Kammer zu angemessenen Ergebnissen gelangen, was ist zu berücksichtigen, was spricht besonders zu Gunsten des Einzelnen?

Im Schrifttum wird zutreffend anerkannt[3]), daß bereits Anregungen genügen, um Miturheberschaft zu begründen. Entwirft der Komponist

---

[1]) Zentralblatt 1901 S. 237; abgedruckt bei Daude S. 109.
[2]) E 1932 behielt den Inhalt des § 49 LitUG in seinem § 80 bei.
[3]) Allfeld zu § 6 Nr. 2 S. 85; Astor S. 19; Schreyer S. 2; Erlanger I S. 13.

gegenüber dem Librettisten mündlich Ideen, Szenerie, Gliederung, Handlung, eventuell bereits Einzelstellen des Stückes, und bringt der Librettist das alles hernach zu Papier, so besteht, auch wenn der Librettist es in einzelne Verse kleidet, Miturheberschaft am Libretto, die sich nach Schaffung der Musik auf das Gesamtwerk ausdehnt. Bestreitet man das, so hätte Goethe — bzw. seine Erben — an den Gesprächen mit Eckermann niemals ein Autorenrecht erworben und müßte gar als dessen urheberrechtlicher „Gehilfe" angesprochen werden. Der wesentlich Anregende und damit zugleich die innere Werkstruktur Vorbereitende und der äußerlich Formgebende stehen im Miturheberverhältnis; der eine hat die pars invisibilis, der andere die pars visibilis geschaffen. Die Anregung muß bereits innerhalb der Plangebung liegen; wenn Weber zu seiner Wolfsschluchtmusik durch C. D. Friedrichs Zeichnung „Nebel im Elbtal", Puccini zur musikalischen Gestaltung seiner „Tosca" durch die darstellerische Leistung von Sarah Bernhardt in Sardou's gleichnamigem Drama angeregt worden sein soll, so kann man den Maler wie die Tragödin nicht als Anregunggebende im vorliegenden Sinne ansehen.

Im musikdramatischen Fache entfaltet die Anregung jedoch ihre außerordentliche Wirkung als Konzeption. Sie wird in der Regel vom Librettisten ausgehen und muß als überaus bedeutendes Moment seines „Anteils" gewertet werden. Man kann aber nicht sagen, daß dadurch die Individualität des Komponisten eingeschränkt werde; Konzeption ist nur notwendige Voraussetzung für eine gegenseitige Steigerung zur Schaffung einer höheren Einheit. Der Gehalt der Libretti von Metastasio war so minderwertig, daß alle drei, Händel mit seiner Riesenkraft, Hasse und Gluck vergängliche Musik dazu schrieben; letzterer fand glücklicherweise später in Calzabigi einen Librettisten mit erhabenen Konzeptionen und wuchs dadurch zum Opernreformator heran. Beethoven suchte seit „Fidelio" bis in seine letzten Jahre nach Libretti; er fand keines seiner Innenwelt entsprechend; nur in der Vertonung von Schillers Ode „An die Freude" war er einem Kongenialen begegnet und Zeit seines Lebens hielt er am Projekt einer Faustmusik fest. Weber bekannte seinem Freischützlibrettisten gegenüber: „Dichter und Komponist sind ja so miteinander verschmolzen, daß es eine Lächerlichkeit ist, zu glauben, der letztere kann etwas Ordentliches ohne den Ersten leisten. Wer gibt ihm den Anstoß? Wer die Situation? Wer entflammt seine Phantasie...... ?"[4]). Verdi fordete deshalb von seinem Librettisten abwechslungs- und kontrastreiche Aktionen, doch mit elementaren und einfachen Grundkonflikten. So sagt Pfitzner[5]) mit Recht: „Der Dichter hat die verantwortlichere Aufgabe. Die Musik kann das Werk nur im einzelnen gefährden. Aber des Dichters Idee ist eine einzige, von deren Niederschlag das Ganze abhängt". — Dazu tritt aber auch die Gestaltung des Textes in seinen Details. Die Musikalität der Verse inspiriert

[4]) Brief an Fr. Kind v. 28. 7. 1821. — Weber hatte allen Grund dazu; seine „Euryanthe" ist an dem überaus einfältigen Text gescheitert. [5]) S. 27.

entscheidend die Musik; sie soll ja aus dem Wort gleichsam herausblühen. Ohne seinen feinsinnigen Librettisten, den Dichterkomponisten Boito, hätte der greise Verdi niemals „Othello“ und „Falstaff“ schaffen können. Hingegen hatte Puccinis Musik das „Mädchen aus dem goldenen Westen“ infolge des kolportagehaften Textes nicht zu retten vermocht. Die Worte können aber gleichwohl platt, ungeschliffen, widerspruchsvoll, zusammenhanglos sein, und doch verhelfen sie zum Meisterwerk. Als Beispiel für viele: Schikaneders Libretto zur „Zauberflöte“. Legionen von mehr oder weniger berufenen Kritikern sind darüber mit vernichtender Beurteilung hergefallen; es lebt noch heute. Goethe besaß mehr Einsicht, wenn er ausführt: „Das Buch ist zwar voller Unwahrscheinlichkeiten und Späße, die nicht jeder zurechtzulegen und zu würdigen weiß; allein man muß doch auf alle Fälle dem Autor zugestehen, daß er in hohem Grade die Kunst verstanden hat, durch Kontraste zu wirken und große theatralische Effekte herbeizuführen“ [6]).

Diese Ausführungen sollen jedoch keine Schmälerung des wirklichen kompositorischen „Anteils“ bedeuten. Zwar erscheint es übertrieben, wenn Schreyer [7]) meint, der Wert einer Oper bemesse sich nach der Musik; dennoch sollte man sich stets vergegenwärtigen, daß das quantitative Verhältnis von Text zur Musik durchschnittlich 1:7 beträgt, daß die Arbeit des Komponisten nicht nur die Wortvertonung, sondern die Ausarbeitung der vielstimmigen Orchesterpartitur umfaßt.

Daß der Komponist oft — Puccini immer — geringfügige Änderungen am Text vornimmt [8]), bleibt ohne Bedeutung und berechtigt ihn nicht, sich auf dem Theaterzettel als Mitverfasser des Librettos zu bezeichnen. Schwerwiegender erscheint der Eingriff, wenn der Komponist verschiedene Textrollen erheblich erweitert, Nebenpersonen zu Hauptpersonen macht wie beispielsweise Mozart („Osmin“ in der „Entführung aus dem Serail“, „Cherubin“ in „Figaros Hochzeit“).

Man wird erkennen, daß es mangels Einigung fast nie „gleiche Anteile“ sein können, daß sich vielmehr schwer die „Demarkationslinie“ für die verschiedenen ideellen Quoten ziehen läßt. Doch wurde versucht, an Hand weniger Beispiele aus der geschichtlichen Opernpraxis die Schwierigkeiten anzudeuten, die mit einem Gutachten selbst der kunstsachverständigsten Kammer verbunden sein würden. Mit Schablonen, Schemata oder einem sonstigen Gewohnheitsduktus läßt sich jedenfalls nichts erreichen.

---

[6]) Ähnlich Otto Ludwig: „Wie oft kann man nicht das Gerede hören, der Text der „Zauberflöte“ sei gar zu jämmerlich, und doch gehört er zu den lebenswertesten Opernbüchern. Schikaneder hat hier das Rechte getroffen. Da es einem Genius wie Mozart Anlaß bot, von den Tiefen des göttlichen Geistes mehr zu enthüllen als irgendein Werk seiner Zeit enthüllte, so müssen wohl auch in dem scheinbar kindischen Spiel der Schikanederschen Verse Dinge ausgesprochen liegen, welche weit über den unbedeutenden Ausdruck, den sie gewonnen, hinaus einen ernsten und bedeutenden Sinn haben.“ [7]) S. 44.

[8]) Nachweislich Verdi bei „Aida“, Tschaikowskij bei „Pique Dame“.

Sollte die Urhebergesellschaft einmal aus mehr als zwei Personen bestehen — zu denken ist vor allem an zwei Librettisten und einen Komponisten —, so sollte sich keine Dreiergesellschaft bilden wie etwa unter drei Kaufleuten. Das Libretto muß erst in sich selbst eine Einheit bilden und als Einheit Wort der Einheit Ton des Komponisten begegnen, selbst dann, wenn sich die Miturheber von Anfang an in ihrem Schaffen wechselseitig beeinflußt haben.

Hierbei wären zwei Gesellschaftsverträge anzunehmen, aber nicht dergestalt, daß der Komponist mit jedem der Librettisten abschließt; das würde mit der engen Verbundenheit beider Librettisten am Text unvereinbar sein. Vielmehr sollte man unterscheiden zwischen einer Obergesellschaft, bestehend aus dem Komponisten und dem Librettisten — beide Textverfasser sind also in einer Person gedacht — und einer Untergesellschaft zwischen beiden Librettisten. Bei drei Librettisten und vier Komponisten — vgl. die Oper „Marlborough", erwähnt unter § 3 — bilden sich ganz entsprechend zwei Untergesellschaften in einer Obergesellschaft, deren Wesen nicht von der Kopfzahl der Miturheber, sondern von den Werkeinheiten Wort und Ton bestimmt wird. Anders, wenn es mehrere Dichterkomponisten sind.

In jedem Falle aber bleibt das Gesamthänderprinzip erhalten, ebenso die Personengebundenheit und damit die Grundlage für ein gesteigertes Vertrauensverhältnis, nur eben bis zu einem geringen Grad in sich gestaffelt. Auch in derartigen Fällen muß man bei der Gewinnbeteiligung das Ganze gleichsam in eine musikalische und in eine textliche Hemisphäre gliedern und dann erst innerhalb dieser die Abgrenzungen vornehmen. Teilung nach Kopfzahl, wie Hirschberg[9]) will, muß zu Fehlresultaten[10]) führen.

§ 9
Urheberrechtsverletzungen

Sie können zunächst seitens Dritter begangen werden. Das Gesetz (§§ 36, 37 LitUG) nennt Vervielfältigung und Verbreitung, öffentliche Mitteilung des wesentlichen Werkinhaltes, öffentliche Aufführung, öffentlichen Vortrag eines Werkes unter Verletzung der ausschließlichen Befugnis des Urhebers. Die Verletzung kann — so ließe sich besser unterscheiden — darin bestehen, daß der Dritte unbefugterweise das Werk universal oder nur partiell ausbeutet. Nimmt man für das letztere noch die in § 12 LitUG angeführten Bearbeitungen wie Übersetzungsrecht, Novellisierungsrecht etc. hinzu, so reichen selbst diese für eine erschöpfende Aufzählung der Verletzungsmöglichkeiten nicht aus. Mit Senderecht, Fernsehfunkrecht beispielsweise läßt die Technik die Bestimmung des § 12 LitUG in seiner jetzigen, auf Grund der No-

[9]) S. 45.
[10]) Zutreffend Kohler IV, S. 253; dagegen abzulehnen Riezler, S. 57.

velle v. 22. 5. 1910 erweiterten Fassung als überholt erscheinen. Eine anderweitige Gliederung ließe sich dadurch schaffen, daß man Verstöße gegen die Befugnisse aus dem droit moral als besonders erhebliche — als eine Art qualifizierte — Urheberrechtsverletzungen von den übrigen absondert.

Die in Abschnitt I erkannten Wesensmerkmale zwingen zu der Folgerung, daß jede Urheberrechtsverletzung grundsätzlich das Gesamtwerk betrifft, mag es sich gegen beide äußeren Mitteilungsformen, Libretto und Partitur, zugleich richten (z. B. unbefugte Rundfunksendung des Gesamtwerkes), oder nur gegen Libretto (z. B. Übersetzung) oder nur gegen Partitur (z. B. Schallplattenaufnahmen des orchestralen Parts) oder auch nur gegen deren einzelne Teile (z. B. Novellisierung einer Einzelszene, Variationswerk über ein Opernthema —[1]).

Problematisch bleibt bei Verstößen gegen das Veröffentlichungsrecht, Änderungsrecht usw. die Rechtslage des einzelnen Miturhebers, inwieweit er als Träger und Wahrnehmungsberechtigter seines droit moral ein Einzelverfolgungsrecht ausüben kann. Den Ausführungen Erlangers[2]) läßt sich nicht zustimmen, denenzufolge das Persönlichkeitsrecht auch bei der Miturheberschaft nur Recht der individuellen Persönlichkeit bleibt und somit lediglich individuell gewahrt werden kann. Denn das droit moral soll nicht die Persönlichkeit der Miturheber selbst schützen, sondern ihre Beziehungen zum Geisteswerk. Dieses hat Ausstrahlungen beider in sich synthetisiert, die Ansprüche, die sich aus seinen Verletzungen ergeben, können daher von den Miturhebern nur gesamthänderisch geltend gemacht werden. Komponist und Librettist können im übrigen nur zusammen Schadensersatz (§§ 36, 37, 41 LitUG) verlangen, Strafantrag (§ 45 LitUG) in den Fällen der §§ 38, 39, 44 LitUG stellen, auf Busse (§ 40 LitUG) erkennen lassen, auf Vernichtung (§ 42 LitUG) oder — was in wirtschaftlichen Notzeiten gerechtfertigter wäre — auf Übernahme (§ 43 LitUG) der producta und instrumenta sceleris hinwirken sowie negatorische Ansprüche gegen Beeinträchtigungen geltend machen.

Die Geltendmachung solcher Ansprüche im Klagewege ist ein Geschäftsführungsakt, der — wie es meist der Fall ist — infolge der Kollektivgeschäftsführung (§ 709 BGB) von beiden Miturhebern vorzunehmen ist. Sieht der eine Miturheber in der Handlung des Dritten keine Urheberrechtsverletzung und verweigert er deshalb die Zustimmung zur Klageerhebung, so sollte man den Analogieschluß aus § 744 II BGB nicht ziehen, Einmal müßte man so das Bruchteilsprinzip heranziehen, zum anderen handelt es sich um keine „Erhaltung" des Geisteswerkes als solchen, sondern um Abwehr von Störungen; schließlich ließe sich bei gebotener Eile beim Gericht eine Einstweilige Verfügung erwirken.

[1]) Zweifelhaft; sog. Figuralvariationen wären noch den Bearbeitungen, sog. Charaktervariationen bereits den freien Benutzungen entgegen § 13 II LitUG zuzuzählen. [2]) I, S. 45; II, S. 15.

Auch von einer analogen Anwendung des § 2039 BGB sollte man absehen; daß hier trotz Gesamthänderprinzipes die Einzelperson Ansprüche machen kann, beruht auf Zweckmäßigkeitserwägungen; in die Erbengemeinschaft gerät man ungewollt, zur Gesellschaft schließt man sich bewußt zusammen. So ergeben sich nur zwei Möglichkeiten: entweder muß der klagewillige Miturheber von der Klageerhebung absehen, wobei er gegen den schuldhaft sich weigernden, damit nachweislich Schaden stiftenden und sich schadensersatzpflichtig machenden (§ 708 BGB) Miturheber die actio pro socio erheben kann, oder er verklagt ihn auf Erteilung der Zustimmung; bei objektiv erkennbaren Urheberrechtsverletzungen würde die Weigerung einem Verstoß gegen die allgemeinen Gesellschafterpflichten (vgl. oben unter § 7) gleichkommen. Bei einem solchen die Verwertung des Geisteswerkes überaus gefährdenden Zustande wird in aller Regel „der gemeinsame Zweck und das Interesse der Gesellschaft die Zustimmung fordern, sodaß die Weigerung gegen Treu und Glauben verstoßen würde" (RG 97/331). Die Klageerhebung ist dann eine Notwendigkeit, keine bloße Zweckmäßigkeitsfrage, bei der „ein solcher Zwang nicht am Platze" (OLG 34/340) wäre. Gleichzeitig muß der klagewillige Miturheber den anderen verklagen, ihn zur Klage gegen den Dritten ermächtigen, die er dann mit Wirkung für die Gesamthänder, aber im eigenen Namen erheben muß. Die Zustimmung des sich weigernden Miturhebers wird dann durch das gerichtliche Urteil ersetzt und gilt mit dessen Rechtskraft als erteilt (§ 894 ZPO). Damit wird erreicht, das daß Einzelverfolgungsrecht nicht am Widerspruch zu scheitern braucht; sonst könnte sich ja der Deliquent mit dem seine Zustimmung verweigernden Miturheber einigen, um den anderen Miturheber lahmzulegen.

Die Summe einer gerichtlich zuerkannten Schadensersatzleistung oder auferlegten Buße fällt an die Miturheber zu gleichen Teilen. Auch wird sich gerichtliche Entscheidung dann nicht umgehen lassen, wenn sich die Miturheber nicht einigen können, ob Vernichtung (§ 42 LitUG) oder Übernahme (§ 43 LitUG) zu erfolgen hat. Die Berechtigung, gegen eine Verletzung des gemeinsamen Geisteswerkes vorzugehen, ist mit Beginn der Kollaboration gegeben, nicht erst mit der Fertigstellung des Gesamtwerkes. Wenn das Gesellschaftsverhältnis sich jedenfalls über das Schaffensstadium (vgl. oben § 6) erstreckt, so müssen die Gesellschafter-Miturheber imstande sein, jeder Störung entgegenzutreten, die nicht nur dem Werk selbst, sondern auch ihrem auf gesteigertem Vertrauensverhältnis begründetem Zusammenwirken schädlich sein müßte. Bei sukzessiver Kollaboration dürfte also der Komponist schon während seiner Arbeit gegen einen Dritten vorgehen können, der das Libretto unbefugterweise übersetzt.

Ist der Tatbestand der Antragsdelikte (§§ 38, 39. 44, 45 LitUG) erfüllt, so würde bei Versäumung der dreimonatlichen Antragsfrist (§ 61 StGB) seit Kenntnis eines der verletzten Miturheber zwar das Antragsrecht der anderen nicht (§ 62 StGB), wohl aber sein eigenes ausgeschlossen werden. Im Sinne des Gesamthänderprinzipes wäre hier jedoch richtiger, die Antragsbefugnisse sämtlicher Miturheber bis zum Ablauf derjenigen drei Monate zu befristen, die seit Kenntnis des Miturhebers, der als letzter von der urheberrechtlichen Verletzung erfuhr, verstrichen sind. Der klar ausgesprochene Inhalt der Strafrechtsnorm läßt jedoch die Geltendmachung von privatrechtlichen de lege ferenda-Bestrebungen als aussichtslos erscheinen.

Urheberrechtsverletzungen können aber auch innerhalb der Gesellschaft selbst, seitens des einen gegen den anderen Miturheber, begangen werden. Am Gesamtwerk naturgemäß erst mit dessen, an den einzelnen Werkteilen mit deren jeweiliger Vollendung. Die Frage der Gliederung ist dieselbe (s. o.) wie bei Urheberrechtsverletzungen seitens Dritter.

Jedoch tritt hier hinzu, daß der verletzte Gesellschafter zugleich gegen seine Gesellschafterpflichten verstößt. Daraus ergibt sich die Spaltung, daß der Verletzte als Autor seine Schadensersatzansprüche und Buße gemäß LitUG nur an sich persönlich, als Gesellschafter die eventuellen Schadensersatzleistungen mit der actio pro socio nur an die Gesellschaft einklagen kann. Mit der Geltendmachung der actio pro socio mindern sich allerdings entsprechend die Voraussetzungen für eine Inanspruchnahme auf Schadensersatzleistung nach LitUG[3]). Im Gegensatz zum außenstehenden Dritten kann der Miturheber außerdem auf Grund seiner schöpferischen Tätigkeit zum Deliquenten werden, so beispielsweise, wenn er ohne Wissen oder gegen den Willen des anderen vertont oder Textunterlegung vornimmt und an dem dadurch existenten Gesamtwerk sodann das Senderecht an eine Rundfunkstation überträgt. Auch hier wird der andere nicht nur nach §§ 36, 37, 40 LitUG, sondern ebenfalls mit der actio pro socio vorgehen können, da man in solchen Fällen faktische Gesellschaftsbildung (vgl. § 6) anerkennen muß. Das Ergebnis der schöpferischen Tätigkeit eines Miturhebers kann aber zum gegenteiligen Effekt führen, wenn der Librettist, nachdem er mit dem Komponisten zusammen eine Oper geschaffen und veröffentlicht hat, hernach den Text unter anderem Titel einem anderen Komponisten beläßt, der ihn auf seine Art vertont; auch die zweite Uraufführung erfolgt, und bald merken beide Komponisten, daß sie der geschäftsregen Aktion des Librettisten zufolge sich unliebsame Konkurrenz machen[4]).

---

[3]) Vgl. Staud. II, 3, Vorbem. IIIa zu § 823 BGB, S. 1749.

[4]) Allfeld, ihm folgend Astor, erklären sich dahin, daß der Librettist in diesem Falle dem Komponisten gegenüber keine urheberrechtliche, sondern nur eine zivilrechtliche Vertragsverletzung begangen hätte. Das ist zutreffend, denn beide Verf. nehmen ja den Standpunkt ein, daß die Oper gemäß § 5 L tUG zwei miteinander lose verkoppelte Werke sind. Die Verf. müssen hierbei davon ausgegangen sein, daß Komponist und Librettist sich vorher kontraktlich gebunden haben. Wie nun, wenn eine vertragliche Vereinbarung fehlt? Dann kann eben jeder sein Werk mit beliebig viel anderen Werken zu neuen Opern verbinden, ohne daß der andere dagegen vorgehen könnte. — Geht man aber, wie in Abschnitt I entwickelt

Eine solche Möglichkeit ist infolge der äußeren Unterscheidbarkeit der Mitteilungsformen von den einzelnen Werkteilen (s. o. unter § 3) gegeben. Liiert sich der Librettist oder überhaupt einer der Miturheber mit einem Außenstehenden ohne Wissen oder gegen den Willen des anderen, so kann dieser sowohl mit der actio pro socio vorgehen als auch auf Grund der mißachteten Werkunität nach urheberrechtlichen Gesichtspunkten, wobei die Unterlassungsklage analog § 1004 BGB im Vordergrund stehen wird, da der Verletzte in erster Linie bestrebt sein muß, eine Verwertung des Werkes aus zweiter Liierung zu verhindern. Der Außenstehende seinerseits kann dann ebenfalls Ansprüche aus dem zweiten Gesellschaftsvertrage gegen den Doppelmiturheber, der ihm das erste Verhältnis verheimlicht hat, herleiten. Stimmt dagegen der verletzte Erstmiturheber der zweiten Kollaboration zu, so müßten er und der Deliquent gemeinsam mit dem neuen Miturheber einen Gesellschaftsvertrag schließen, wobei dann, wenn der erste Librettist z. B. einer neuen Textunterlegung zustimmt, die ge-

wurde, vom musikdramatischen Einheitswerk aus, so bleibt infolge der Unlöslichkeit der verschmolzenen geistigen und seelischen Assoziationen eine Verletzung der gesamthänderischen Gebundenheit unvermeidlich. Die französische Gerichtspraxis hat in konsequenter Durchführung ihrer Rechtsprechung hinsichtlich des Wesens des musikdramatischen Werkes dahin entschieden, daß die Bindung nicht gelöst werden, der Librettist also nicht mit einem zweiten Komponisten kollaborieren kann. Wortwörtlich erklärt sie aus Anlaß des Prozesses Mme. Ferrari-Milliet: „Die Musik, einzig auf einen bestimmten Text hin geschaffen, würde ohne Anwendung sein oder müßte ganz und gar untergehen, um sich einem anderen Gegenstand anzupassen. Derart tiefgreifende Änderungen (wie erneute Unterlegungen eines Librettos) müßten einer neuen Komposition gleichkommen. Der Text ist unauflöslich mit der Musik verbunden, die ihm angepaßt ist" (vgl. droit d'auteur 1915 Nr. 11 S. 130). — Art. 19 II des italienischen UG verbietet ebenfalls eine Vergebung des Librettos zu Zwecken einer zweiten Opernkomposition. Spanien (Art. 23) und Costarica (Art. 35) hingegen gestatten den Komponisten die Unterlegung eines neuen Textes, wenn der Librettist sich gegen eine öffentliche Aufführung des Gesamtwerkes sperrt. — Mit Kohlers (III S. 345) Behauptung kann man sich allerdings nicht einverstanden erklären, daß der Librettist das miturheberrechtliche Verhältnis auflösen kann, wenn die Oper bei der Première wegen angeblich unzulänglicher musikalischer Qualität durchfällt. Er darf entweder zu Beginn keinen Gesellschaftsvertrag schließen oder muß sich durch Tantièmegarantien sichern. Freiesleben (S. 91) will es wieder davon abhängig machen, ob dem Komponisten eine Honorarpflicht gegenüber dem Librettisten auferlegt ist; bejahendenfalls dürfte der Librettist den Text nicht einem zweiten Komponisten gestatten, sonst sei es ihm nicht verwehrt. Die Negierung der Opernwesensmerkmale liegt hier letzten Endes in der kritiklosen Hinnahme des § 5 LitUG begründet. Verfehlt ist aber auch noch von diesem Standpunkt aus Freieslebens Ansicht, der Komponist sei seinerseits in jedem Falle befugt, allzeit sich einen neuen Text unterzulegen. — Wurde oben festgestellt, daß die Tatsache des vollendeten Werkes durch nichts mehr aus der Welt geschafft werden kann, so wird man eine anderweite Liierung mit einem Dritten dem Autor dann zugestehen müssen, wenn sein Mitautor seinen Werkanteil noch nicht fertiggestellt hat. Er kann dann das Gesellschaftsverhältnis kündigen, macht sich freilich gegebenenfalls nach §§ 723 II S. 2, 325 BGB schadensersatzpflichtig. Dagegen erscheint eine Lösung im Verwertungsstadium (vgl. oben § 7) als unmöglich.

sellschaftliche Verpflichtung des Komponisten in der Bereitstellung seiner Partitur, die des ersten Librettisten in der Inspiration zu dieser durch seinen, wenn auch eingestandenermaßen schlechten Text, die des zweiten Librettisten in der Schaffung des zu unterlegenden neuen, hoffentlich glücklicheren Textes bestünde.

Meist wird der Verleger, Opernintendant, Rezitator, Schallplattenfabrikant, Filmproduzent keine Kenntnis davon haben, daß das Werk, an dem er Werknutzungen erwirbt, in einer bestimmten Kollaboration entstanden ist; der Komponist braucht ihm beispielsweise nur zu versichern, er habe sich das Libretto selbst geschrieben, oder das Libretto sei gemeinfrei. Ebenso wird der zweite Komponist in der Mehrzahl der Fälle den Text ohne Wissen um die erste Liierung vertonen. Sollte jedoch ein Außenstehender im Einvernehmen mit dem schädigenden Miturheber gehandelt haben, so wird der andere Miturheber gegen beide gemäß § 830 BGB vorgehen können. Problematisch bleibt nur die Rechtslage des Doppelmiturhebers, der einerseits als Deliquent mit schadensersatzpflichtig, andererseits als Gesamthänder der ersten Liierung mit anspruchsberechtigt ist. Man wird sich, ähnlich wie beim Vorliegen von Konfusion, so helfen können, daß beide Erstmiturheber die Schadensersatzleistungen zunächst an die Gesellschaft einfordern, innerhalb derer der Delinquent dem Geschädigten den diesem zustehenden Betrag zu überlassen hat, während er den ihm verbliebenen Betrag dazu verwenden muß, seiner Ausgleichungspflicht gegenüber dem Außenstehenden zu genügen.

III. Einzelheiten

§ 10
Vertonungsfreiheit

Bei einer geschichtlichen Vergleichung der verschiedenen Urhebergesetze und Entwürfe zu solchen wird ersichtlich, daß die Materie der Vertonungsfreiheit immer wieder anders geregelt wurde. Die Änderungen waren zwar nicht erheblich, aber sie erfolgten mit Stetigkeit und in ein und derselben Richtung.

Das UG von 1870 gestattete generell in § 48 I die Vertonung von bereits veröffentlichten Schriftwerken und Abdruck des so kombinierten Gesamtwerkes. Also ein Eingriff in die Rechte des Dichters, wie man ihn sich schwerwiegender kaum vorstellen kann. Seine Zustimmung war nur erforderlich (§ 48 II) zu solchen Texten, welche „ihrem Wesen nach für den Zweck der Komposition Bedeutung haben, namentlich Texte zu Opern und Oratorien". Hiernach konnte also ein ganzes Drama oder Epos von einem Komponisten künstlerisch verwertet werden. Das mußte auf die Dauer zu Schädigungen der Schriftsteller führen, denen somit mit ihren eigenen Werken eine verwertungsmäßige Konkurrenz gemacht wurde, bei der sie leer ausgingen. E 1901[1]) beschränkte deshalb das freie Betätigungsfeld des Komponisten auf kleinere Teile einer Dichtung und Gedichte von geringerem Umfang. In der Kommissionsberatung[2]) wurde zwar eine Erweiterung der Vertonungsfreiheit auch auf größere Dichtungen angestrebt mit der Begründung, daß es den Schriftstellern nur zum Vorteil gereichen könne, wenn ihre Werke durch Vertonung allgemein bekannt würden. Doch wurde schließlich der Gesichtspunkt wieder beherrschend, daß Eingriffe in die ausschließlichen Rechte der Dichter soweit als möglich zu reduzieren seien. So hat die Vertonungsfreiheit ihre Abgrenzung in der jetzigen Gestalt von § 20 I und § 20 II LitUG erfahren. Diese Abgrenzung ist allerdings ausländischen Urhebergesetzen wie dem brasilianischen (Art. 156), dem italienischen (Art. 19 III), dem portugiesischen (Art. 30 § 1) unbekannt. Dort wird ganz allgemein dem Komponisten gestattet, ein Schriftwerk zu vertonen und es so zu veröffentlichen — gemeint ist zu vervielfältigen und zu verbreiten —, aufzuführen, es zum Gegenstand

[1]) S. 30. [2]) S. 34.

sonstiger Verfügungen zu machen; Portugal verlangt allerdings für die Aufführung die Zustimmung des Dichters. Auffallend ist jedoch, daß in Brasilien der Komponist seinen Textdichter angemessen entschädigen muß. Ein Gedanke, der vom E 1932 in seinem § 35 I S. 2 aufgegriffen wurde; hier nimmt somit selbst der Autor von kleinen Lyrica an der finanziellen Verwertung teil. Man wünscht keine „entschädigungslose Enteignung des Dichters zu Gunsten des Komponisten"[3]) mehr. Eine noch wirksamere Abdrosselung der ursprünglich so weit hin sich erstreckenden Eingriffsmöglichkeiten des Komponisten!

Wo läßt sich nun aber die Grenze zwischen kleineren und größeren Teilen einer Dichtung oder Gedichten von geringerem und erweitertem Umfange ziehen? Mit Recht wurden in dieser Hinsicht bei der Kommissionsberatung[4]) Bedenken geltend gemacht. Ist das Anwendungsgebiet des § 20 II LitUG mit Opern- und Operettenlibrettos, Texten zu Melodramen, Oratorien, Kantaten, Motetten, Schlagermusiken aller Art, vor allem Refrainlieder, Chansons und Couplets — „Texten zu Tanz- und Stimmungsmusik", wie es in § 35 II des E 1932 heißt — verhältnismäßig leicht zu umreißen, so mag es bei einer Ballade oder Romanze, einem Ritornell oder Madrigal schon schwerer im Sinne von § 20 I LitUG zu entscheiden sein. Suitenartig gebundene Humoresken epischen Ablaufs kommen dennoch einer aus dem Augenblick heraus geborenen Komposition eher entgegen als beispielsweise das „Lied von der Glocke"; d. h. man kann nicht immer Lyrik gegen Epik im ästhetischen Sinne gegeneinander absetzen. Man kann auch nicht sagen, die Nation als dritter Interessent dürfe verlangen, daß die Vertonungsfreiheit bei solchen durch momentane Inspiration komponierten lyrischen Aphorismen zugunsten des Musikers aufrechtzuerhalten sei, da sonst das Deutsche Lied sein Ende finden würde. Denn vertonen kann man es ja zum Privatgebrauch, nur veröffentlichen dürfte es nach E 1932 der Komponist nicht, ohne den Dichter an den Erträgnissen teilnehmen zu lassen. Steht zu erwarten, daß diese Erwägung die Musiker in Zukunft abhalten würde, die deutsche Liedpflege schöpferisch am Leben zu erhalten, so müßte vielmehr die Frage nach den Grenzen der Vertonungsfreiheit gestellt werden. Damit würde das Problem der Festlegung der beiderseitigen ideellen Quoten wieder verbunden sein.

Im allgemeinen hatte der Dichter bisher keinen Anlaß, nach seinem Gewinn gemäß seiner Quote zu fahnden, da die Liedervertonung-finanziell dem Komponisten kaum etwas einbrachte; im Zeitalter der Schlagermusik ist freilich eine wesentliche Änderung eingetreten. Dringt ein Schlager, der jedenfalls unter § 20 II LitUG fällt, erfolgreich durch, so wird er auch seinem Textdichter für einige Zeit eine willkommene Geldquelle bedeuten. Daher die Pauschalforderung des E 1932 in § 35 II, daher auch die Einschaltung der GEMA bei den sogenannten „kleinen Rechten".

[3]) Begr. S. 87. [4]) S. 34.

Berühren die Bestimmungen die Vertonungsfreiheit auch nicht unmittelbar die Miturheberschaft am musikdramatischen Werk, so weist doch die geschichtliche Tendenz unverkennbar darauf hin, daß die Privilegierung des Komponisten immer mehr beschnitten wird, daß man sich von der Anschauung einer Subordinierung des Wortes unter den Ton vergangener Jahrhunderte abwendet und eine unbedingte Koordination erstrebt. Man muß auch bei solchen Kleinformen von Miturheberschaft im weiteren Sinne sprechen, da der Verschmelzungsprozeß von Wort und Ton im Prinzip derselbe ist wie beim vielgliedrigen Opernwerk.

§ 11

Die Einwilligung in die musikdramatische Aufführung

Die Bestimmung des § 28 II LitUG, derzufolge der Bühnenveranstalter einer Opernpremiere nur der Einwilligung des Komponisten bedarf, soll den Librettisten nicht in seiner materiellen Verfügungsmacht beschränken, sondern dem Komponisten lediglich eine formelle Vertretungsbefugnis in die Hand geben. Daraus hat man folgern wollen, daß der Bühnenveranstalter dem Komponisten eine Aufführung dann verweigern müsse, wenn ihm bekannt sei, daß der Librettist ihr nicht zugestimmt habe. Aus dem Wortlaut des § 28 II LitUG geht jedoch eindeutig hervor, daß in allem, was die Aufführung betrifft, Veranstalter und Librettist in gar keine Beziehungen zueinander treten können. Mag das Innenverhältnis Komponist-Librettist vertraglich sonstwie geregelt sein, es läßt den im Außenverhältnis stehenden Veranstalter in einer vom Innenverhältnis unabhängigen Position. Nachzuprüfen hat der Veranstalter die Vertretungsbefugnis des Komponisten sowie zu beachten eine Verweigerung des Librettisten nur dann, wenn er erkennt (RG 52/99) oder auch schon erkennen muß (RG 71/222, 130/142, 134/72), daß der Komponist seine Vertretungsmacht mißbraucht[1]).

Schrifttum und Rechtsprechung haben in § 28 II LitUG, was das Außenverhältnis anlangt, Verschiedenes gesehen und ihn entsprechend interpretiert. Nach Bock[2]) wird die Vertretungsmacht „zur Vollmacht, wenn sie dem Komponisten durch einen Vertrag seitens des Textdichters erteilt wurde; sie stellt sich als Geschäftsführung ohne Auftrag dar, soweit der Komponist ohne Einverständnis des Textdichters handelt"; Verf. hat hierbei Außenverhältnis und Innenverhältnis in unrichtige Beziehung zueinander gebracht. Das RG[3]) unterstellt eine „vom Gesetz fingierte Bevollmächtigung des Komponisten", die seitens des Librettisten niemals widerrufen werden könne. Dagegen hält Hoffmann[4]) den Wesenskern der Stellvertretung, demzufolge Rechte und Pflichten aus Rechtsgeschäften des Vertreters unmittelbar für und gegen den

[1]) Unvollst. Bock S. 48; Marwitz-Möhring Ziff. 4 zu § 28, S. 219.
[2]) S. 47. [3]) 67/85 – RG/JW 1908/52. [4]) I S. 274.

Vertretenen wirken, für unvereinbar mit der Rechtsstellung des Komponisten, der unabhängig vom Librettisten über die Vergebung des Aufführungsrechtes befinden kann.

Als sicher ist jedenfalls anzunehmen, daß im Innenverhältnis der Librettist nach geltendem Recht die Vertretungsmacht weder vollständig beseitigen noch teilweise beschränken kann, sondern daß er nur vorher den Komponisten vertraglich binden und auf eine Vertragsverletzung von dessen Seite hin obligatorische Ansprüche geltend machen kann[5]).

Ließe sich diese Problematik nicht umgehen? Was bezweckte überhaupt der Gesetzgeber mit der Bestimmung? Schon in den Motiven zum UG von 1870 wurde ihre Notwendigkeit damit begründet, daß bei einer Einbeziehung des Librettisten sich „in der praktischen Anwendung große Schwierigkeiten ergeben würden". Im gleichen Sinne spricht das RG[6]) von einer Erleichterung im Rechtsverkehr, die im Interesse der Veranstalter von Bühnenaufführungen geschaffen worden sei. Darüber hinaus argumentierte man noch in der Richtung, daß durch eine mißlungene Bühnenaufführung nur der Komponist, nie der Librettist geschädigt werden könne, da eine Oper lediglich der Musik, nicht des Textes wegen aufgeführt werde[7]).

Zumindest das letzte ist nach allem, was über das Wesen des musikdramatischen Einheitwerkes gesagt wurde, nicht stichhaltig. Der Mißerfolg trifft den Librettisten ebenso, auch in ideeller Hinsicht. Ihn, der zumeist der Oper ihren Titel gab, der die Konzeption entwarf, die Szenerie, Handlungsgang, Einzelmomente bestimmte! Er tritt durch das Gesamtwerk in die gleiche unmittelbare Berührung mit dem Publikum. Er hat ein Recht darauf, die Vergebung von Aufführungsrechten mit zu bestimmen (vgl. § 7), ohne daß er sein bei der Uraufführung die Werkveröffentlichung umschließendes droit moral erst geltend zu machen brauchte. Zum andern ist nicht recht ersichtlich, worin die außergewöhnlichen Erleichterungen für einen Opernintendanten bestehen sollten, der sich der Zustimmung des Librettisten nicht zu versichern brauchte. Sein Kollege vom Schauspielhaus bedarf zur Aufführung eines von zwei Autoren geschaffenen Lustspieles doch auch vorher der Einwilligung beider gemäß § 28 I LitUG. Das ergibt in der Praxis wahrhaftig nicht soviel Schwierigkeiten wie die dem Librettisten auferlegte Sicherungsmaßnahme, sich vorher im Innenverhältnis kontraktlich gegen eine ihm ungelegene Aufführung zu schützen. Oft tritt der Musikverleger an die Stelle der Autoren; damit entfiele eine Anwendung dieser Rechtsnorm ohnehin.

§ 28 II LitUG widerstreitet dem droit moral des Librettisten. Der Gesetzgeber hätte, falls er das musikdramatische Werk dem § 6 LitUG unterstellt hätte, notwendigerweise hierbei zu einem anderen Ergebnis

[5]) Vgl. auch Begründung zu E 1901 S. 33.

[6]) 67/85 — RG/JW 1908/52. [7]) Astor S. 69.

kommen müssen. Verfolgt man die Bestimmung bis zu ihrem Ursprung, so stößt man erneut auf die gemeinsame Wurzel des Übels: die in früheren Zeiten herrschende Anschauung von der Prävalenz des Komponisten. Bei Melodram, Ballett, Posse, Schauspielmusik läge sie zwar nicht vor — für diese verbliebe es deshalb bei § 28 I LitUG —, wohl aber beim Opernwerk, das nur „wegen der Musik und nicht wegen des Textes aufgeführt" würde, bei dem „die Musik die Oberhand hätte" [8]). Eine solche verfehlte Unterscheidung — verfehlt deshalb, weil der Unterschied nur im erfolgten oder nicht erfolgten Verschmelzungsprozeß zu suchen ist — geht auf die Begründung zum E 1901 [9]) zurück. § 28 II LitUG hat aber seinen gleichgearteten Vorgänger in § 51 II des UG von 1870, der bereits damals ähnlich interpretiert wurde [10]). § 51 II seinerseits hielt sich an Art. 44 des bayrischen UG von 1865, dieses an § 16 des sächsischen UG von 1846. In der Mitte des vorigen Jahrhunderts konnte jedoch von einer Koordinierung beider musikdramatischer Autoren niemals die Rede sein; das lag in den zu dieser Zeit und noch früher herrschenden ästhetischen Ansichten begründet.

Bedauerlich bleibt es, daß die Gesetzgebung trotz ihrer progressiven Entwicklung in diesem Punkte sich nicht gewandelt hat, ja daß sie parallel das subordinierende Moment durch die Novelle von 1910 in § 22 II S. 2 LitUG noch verschärft hat. Abgesehen davon, daß § 28 II LitUG unter dem Gesichtspunkt der Gesamthänderschaft als untragbar bezeichnet werden muß, hat die Praxis erwiesen, daß Komponist und Librettist auch zur Premièrenzeit zumeist Hand in Hand miteinander die Dinge beschicken, daß das zwischen ihnen entstandene Vertrauensverhältnis nicht einen so abrupten Eingriff verträgt. Man verfolge als Beispiel die gemeinsamen Bemühungen von Richard Strauß und Hofmannsthal, für die Uraufführung der „Ariadne" die Reinhardt'sche Regie in einem auf kammermusikalische Intimitäten abgestimmten Theaterraum zu ermöglichen.

So ist den Verf. des E 1932 beizupflichten, wenn sie in Übereinstimmung mit maßgebenden Vertretern der Wissenschaft eine dem § 28 II LitUG gleiche Bestimmung fortgelassen haben [11]). Damit würde kein Anlaß mehr bestehen, die rechtlich komplizierten Beziehungen zwischen den Miturhebern so oder so interpretieren zu müssen, nicht um der Kompliziertheit willen, sondern um die gegebene Interessenlage richtig zu würdigen. Das Gesamthänderprinzip fordert die Einwilligung des Komponisten und des Librettisten bei der Vergebung des Aufführungsrechtes sowie zur Vornahme jedes anderen Verfügungsgeschäftes und zugrunde liegenden Verpflichtungsgeschäftes, es sei denn, die Geschäftsbesorgung ist abweichend von § 709 BGB geregelt. § 28 I LitUG ist anzuwenden, § 28 II LitUG als gegenstandslos zu streichen.

---

[8]) Astor S. 69; Petzl S. 14; Freiesleben S. 88.
[9]) S. 34. [10]) Endemann S. 81.
[11]) Begr. S. 93.

§ 12
Schutzdauer des musikdramatischen Werkes

Man kann die Schutzdauer des Urheberrechtes am musikdramatischen Werke unterschiedlich staffeln. Die französische Gerichtspraxis, die Text und Musik einer Oper als ein Werk betrachtet, erklärt konsequenterweise, daß auch „die Auswirkungen dieser Unteilbarkeit nicht beschränkt sein dürfen“[1]). Wenn der französische Komponist Boildieu 1834, sein Librettist Scribe jedoch erst 1861 gestorben ist, so endet der Schutz ihres gemeinsamen Miturheberrechtes bei 50jähriger Schutzfrist 1911. Auch das deutsche UG von 1870 ließ in jedem Falle die Schutzfrist bei einem von Mehreren verfaßten Werke bis zum Tode des Letztlebenden andauern, denn diese Mehreren wurden als eine einzige „Kollektivperson“[2]) angesehen.

Gierke, der die äußere Unterscheidbarkeit von Werkbestandteilen herausstellt, folgerte derentwegen zwar gesonderte Urheberrechte für jeden der Miturheber, nahm ihnen jedoch für das musikdramatische Werk als Ganzes nicht die gesamthänderische Gebundenheit[3]). Diese etwas zwitterhafte Anschauung hat ihren gesetzlichen Niederschlag im belgischen UG gefunden. Nach dessen Artikel 5 wird der Schutz des Opernwerkes zwar auch erst vom Tode des letztlebenden Miturhebers an gerechnet, aber es gestattet unabhängig davon dem Komponisten, seine Musik allein, dem Librettisten, seinen Text allein aufzuführen[4]). Eine Opernouverture — es handelt sich vorliegend um die zu „Si j'etais roi“ von Adolphe Adam — wird also mit dem Ablauf von 50 Jahren nach dem Tode des Komponisten gemeinfrei, ganz gleich ,ob das Recht am Gesamtwerk über diese Zeit hinaus noch besteht.

Die dritte Möglichkeit hat das geltende Recht in § 29 LitUG erbracht. Besser gesagt in § 5 LitUG, verbunden mit § 29 LitUG. Dem Willen des Gesetzgebers, der die Oper nun einmal als zwei voneinander unabhängige Werke betrachtet, ist mit Gewißheit zu entnehmen, daß die Schutzfrist für die Musik nach dem Tode des Komponisten, die für den Text nach dem des Librettisten getrennt laufen. Daran hat man sich in der Wissenschaft von Anfang an gestoßen, ja man kann geradezu sagen, daß die Polemik gegen die Berechtigung des § 5 LitUG von hier aus ihren Ausgangspunkt genommen hat. Es hat auch nicht an Versuchen gefehlt, diese wesenswidrigen Folgen zu bagatellisieren[5]). Aber eine Zerreißung des Werkes während der Werknutzung läßt sich nicht umgehen. Es erscheint zudem wenig sinnvoll, wenn in so und soviel (z. Zt. 50) Jahren nach dem Tode des einen Miturhebers zwar sein Libretto frei gedruckt wird, aber die Noten des anderne nicht gestochen werden

---

[1]) Droit d'auteur 1906 Nr. 7 S. 89.
[2]) Vgl. Endemann S. 33. [3]) S. 783 Anm. 70.
[4]) Droit d'auteur 1925 Nr. 8 S. 92, 93; 1929 S. 101.
[5]) Marwitz-Möhring Ziff. 4 zu § 5 S. 57.

können; oder Orchesterpartitur, Klavierarrangements usw. freigegeben sind, nicht aber der notwendige Text für die Solo- und Chorstimmen sowie für die Unterlegung in einem Auszug für zwei Hände. Wenn nun — was bei seinerzeit geltender 30jähriger Frist durchaus möglich war — der eine Miturheber den anderen um ein Menschenalter überlebt, er als Librettist jedoch Verschandelungen der Musik, als Komponist eine Verbalhornung des Librettos nicht untersagen kann, so fragt man sich, inwieweit er gegen eine unbefugte Änderung des Gesamtwerkes vorgehen (§ 40 LitUG) kann, und inwieweit er überhaupt urheberrechtlichen Verletzungen zu begegnen vermag. Bis zur Höhe seiner ideellen Quote? War diese bereits festgelegt? Auch mit dem droit moral kann er nicht gegen eine Verschandelung des freigewordenen Teiles vorgehen, denn § 5 LitUG kennt naturgemäß auch nur zwei voneinander völlig getrennte droits moraux.

Wer vom Wesen des musikdramatischen Einheitswerkes ausgeht, wird auf solche sinnwidrige Resultate nicht stoßen. Bei Miturheberschaft (§ 6 LitUG) bestimmt sich die Schutzfrist nach dem Tode des Letztlebenden. Nach dem französischen Vorbild sollte sich § 30 LitUG de lege ferenda auch auf das Verhältnis Komponist-Librettist erstrecken.

Ausnahmen würden sich nur dann ergeben, wenn bei der ersten Veröffentlichung sich beispielsweise der Librettist nicht nennen würde. Nominiert er sich innerhalb der 50jährigen Frist nach dem Tode des Komponisten — also in der Regel noch später als innerhalb der 50 Jahre seit der ersten Veröffentlichung (§ 31 I LitUG) — so bemißt sich die Schutzdauer des Gesamtwerkes nunmehr nach seinem eigenen Tode; tut er das nicht, so bleibt der Todeszeitpunkt des Komponisten weiter maßgebend. Die gesamthänderische Gebundenheit gestattet ein solches nachträgliches Heraustreten aus der Anonymität, wenn sie nur bei einem der Miturheber vorliegt. Unverkennbar liegt hier jedoch eine Gesetzeslücke vor.

Das Erlöschen der musikdramatischen Miturheberrechte beeinflußt in keiner Weise den Bestand eines Übersetzungsrechtes am Libretto. Das hat die reichsgerichtliche Entscheidung[6]) betr. „Die Afrikanerin" von Meyerbeer (gest. 1863) und Scribe (gest. 1861) gezeigt. Das Recht an der Gumbert'schen (gest. 1896) Übersetzung ist in Deutschland erst mit Ablauf des Jahres 1926 erloschen. Mit Beginn des Jahres 1914 wäre anderenfalls die Oper überhaupt gemeinfrei geworden und eine andere Übersetzung allgemein gestattet gewesen.

§ 13
Dichter und Librettist

Der Librettist unterscheidet sich vom Dichter dadurch, daß er den Text bereits unter Berücksichtigung der Vertonungsmöglichkeit gestaltet, daß er bewußt auf die Wirkung des Wortes verzichtet, wenn die

[6]) RG 67/85.

Sprache durch Einbeziehung der Musik entscheidend potenziert werden kann. Der Operntext kommt der Vertonung entgegen, das Wortdrama entzieht sich ihm zumeist. In der Regel wird man von der Intention des Verfassers ausgehen können; die Grenzen sind aber dennoch oft flüssig. Hofmannsthals „Elektra" ist eine Dichtung, sein „Rosenkavalier" ein Libretto.

Die Schwierigkeiten beginnen dann, wenn der Librettist nicht aus eigenem geschöpft, sondern von einem anderen entlehnt hat. Neben den Librettisten tritt jetzt der Dichter, und bei der Prüfung des einzelnen Falles wird man vor die Alternative gestellt, ob man seitens des Librettisten eine Bearbeitung (§ 12 II LitUG) oder eine freie Benutzung (§ 13 I LitUG) des Dichterwerkes anzunehmen hat.

Geht man davon aus, daß dem Libretto — wie es meist der Fall — ein Roman, eine Novelle oder eine Fabel zugrunde liegt, so fällt zunächst der Wechsel der objektiven Form auf. Während in der Epik über etwas abgeschlossen Geschehenes berichtet wird, hat sich die Dramatik die Darstellung eines in der Gegenwart Lebendigen und lebendig Werdenden zum Ziele gesetzt. Dort wird geschildert, hier verkörpert, dort entwickelt der Autor an den Personen, hier in den Personen. Dort ein Nacheinander, hier außerdem ein Miteinander. Bei einer Dramatisierung muß aus der Vorlage notgedrungen etwas anderes werden. Wo sich der Epiker trotz aller persönlichen Anteilnahme zum Chronisten objektivieren muß, verteilt der Dramatiker den Stoff auf mehrere Personen, die bei gleichzeitiger Aufsplitterung seiner Persönlichkeit für ihn die Aktionen vorwärts treiben. Während im Epischen die Strophenform gleichmäßig beibehalten wird, müssen im Dramatischen Monologe, Dialoge, Gruppenszenen, Massenszenen miteinander abwechseln.

Trotz solcher bedeutsamen Unterschiede kann man nicht ohne weiteres von freier Benutzung sprechen. Der Gesetzgeber betrachtet mit Recht formale Abwandlungen nicht als das Entscheidende, mag das auch manche künstlerische Fähigkeiten voraussetzen. Der Zweitautor — hier der Librettist — soll der Vorlage nicht überwiegend verhaftet bleiben, sondern vor allem zu etwas Neuem durchdringen. Einen Fortschritt soll er erzielen, und das ist nur möglich, wenn er das Werk mit anderem Gehalt füllt. Alle Artistik, Virtuosität und Geistesakrobatik nützen nichts, wenn das Überspringen jener geheimnisvollen Funken, deren Ursprung nie zu klären sein wird, dem Werke versagt bleibt. Daher wird im Wortlaut des § 13 I LitUG eine „Schöpfung eigentümlicher Art" verlangt. Dabei darf jedoch Form im juristischen und Form im ästhetischen Sinne nicht gleichgesetzt werden. Die freie Benutzung führt nicht allein jenen Inhalt herauf, der als solcher vom Urheberrecht im Gegensatz zum Patentrecht garnicht ergriffen würde. Schutzfähig ist der Gehalt nur, wie er sich in der neuen subjektiven Form äußert. Nach dem Neuheitsgrad der subjektiven Formgebung also bemißt sich die Zuweisung zur Bearbeitung oder zur freien Benutzung. Der Wechsel der objektiven Form, wie er oben dargestellt wurde, ist allein nicht ausschlaggebend.

Das Libretto kann auch freie Benutzung wie beispielsweise Sutermeisters „Romeo und Julia" nach Shakespeares Werk[1]), ja sogar eines anderen Librettos wie Sonnleithners-Beethovens „Fidelio" nach J. N. Bouilly's „Léonore ou l'amour conjugal" (für den französischen Opernkomponisten Gaveaux) sein. Kohler[2]) führt mit Recht aus, daß für geniale Naturen äußere Ereignisse nur den Rahmen bilden, innerhalb dessen sie erst mit ihrem begnadeten seelischen Reichtum „aus Schemen wahrhaft dramatische Gestalten aus Fleisch und Blut schaffen". Die äußeren Schicksalsfälle sind nur die Maschen für das psychische Gebilde, welches sich auf ihnen entrollen soll. Diese psychischen Gebilde aber sind die Prärogerative des schaffenden Künstlers, und in ihrer „ebenso wahrhaften und natürlichen als ergreifenden Weise steht Shakespeare riesengroß über allen seinen unfreiwilligen Helfern, welche ihm die Stoffe geliehen haben."

Sehr, sehr oft aber wird das Libretto eine bloße Bearbeitung der Vorlage bleiben. Die Szenenbilder sind dieselben, vielleicht nur in der Folge etwas zusammengezogen, die Personen und ihre Handlungen die gleichen, und oft läßt sich die ursprüngliche indirekte Rede als eine direkte, meist in Dialogform, verteilen. So haben eigentlich an Ruhm und Erfolg von Puccinis Meisteropern weniger seine Doppellibrettisten Illica und Giacosa, als vielmehr Henri Murger mit seinem Roman „La vie de Bohème", V. Sardou mit seinem Drama „Tosca", David Belasco mit seiner japanischen „Geisha"-Tragödie Anteil. Das klassische Beispiel für einen diesbezüglichen Rechtsstreit fehlt auch hier nicht. Der Mailänder Gerichtshof vom 12. 3. 1891[3]) erachtete den Anteil des Dichters Verga am Welterfolg von Mascagni's „Cavalleria rusticana" für so ausschlaggebend, daß er ihm die Hälfte aller eingetriebenen und eintreibbaren Tantièmen (vgl. Art. 5 des italienischen UG v. 1882) für Opernaufführungen zusprach; — die drei Librettisten waren vom Komponisten anscheinend schon zuvor abgefunden worden. — Nach dem Tatbestand mußte Verga als Miturheber angesehen werden, denn seine „sehr glücklich abgefaßten volkstümlichen Szenen" waren von den Librettisten lediglich in Verse gekleidet worden. Nicht diese, sondern Verga hatte Mascagni zu seiner Musik inspiriert. Wohl fielen im Libretto einige Nebenpersonen weg und einige Chöre sowie die „Siciliana" wurden eingefügt. Aber sonst verblieb es bei einer getreuen Wiedergabe der Szenen, deren Anordnung im Libretto dieselbe blieb; „identisch sind die Personen und ihr Charakter, identisch die Entwicklung der Handlung mit derselben schlagartigen Weiterführung, die zum dramatischen Erfolg des Werkes soviel beigetragen hat". Man hat es hier mit einer Bearbeitung zu tun.

---

1) Nicht dagegen z. B. Gerhäusers Text zu M. v. Schillings „Moloch" nach Hebbels Fragment. 2) II S. 218.

3) Vgl. droit d'auteur 1891 Nr. 6, S. 71.

Über die Höhe von Vergas ihm gerichtlich zugesprochener Quote ließe sich streiten. Berechtigt jedoch erscheint der aus seinem droit moral zu folgernde Anspruch, auf dem Theaterprogramm genannt zu werden: „Text von Targioni, Tozetti und Menasca nach Verga".

Dagegen wird man wiederum das Libretto zur „Zauberflöte" als eine freie Benutzung der Libretti zu „Thamos", „Oberon" und „Sonnenfest der Brahminen" aufzufassen haben. Schikaneder entlehnte nur die Motive und nahm weniges von dem Kolorit und dem morgenländischen Hauch auf. Im übrigen verkoppelte er die verschiedenen Handlungselemente höchst eigenartig miteinander und schuf in Aktion wie in Personen ein durchaus neues, selbständiges Werk[4]).

Kompliziert liegen die Dinge beim „Freischütz". Die seit ihrer Kindheit miteinander befreundeten Apel und Fr. Kind hatten in ihrer Jugend gemeinsam den — 1871 wieder aufgefundenen — magischen Folianten „Unterredungen vom Reiche der Geister zwischen Andrenio und Pneumatophilo. Leipzig 1729" aufgestöbert und diesen später — jeder für sich — literarisch verwertet, Apel in einer Gespensternovelle[5]), Kind in seinem Freischütz-Libretto für Weber. Bereits zehn Jahre vor der Vertonung hatte Weber jedoch die Novelle und deren Verfasser kennengelernt und davon so starke Eindrücke empfangen, daß es ihn schon damals zur kompositorischen Reaktion trieb. Bekanntlich arbeitet das Unterbewußtsein im Menschen weiter, und so ist es erklärlich, daß in Weber, als ihm Kind später mit demselben Text kam, die musikalischen Expressionen schon ausgereift waren. Wie unter § 8 ausgeführt, kann nun gegebenenfalls die bloße Anregung Miturheberschaft begründen, aber sie muß in der pars visibilis ihren formgebundenen Niederschlag gefunden haben. Das liegt hier jedoch nicht vor, sodaß Apel in die Miturheberschaft nicht einbezogen werden kann. Außerdem hat Kind, obwohl ihm die Novelle gewiß als Vorlage gedient hat, die Zeit der Handlung an den Ausgang des Dreißigjährigen Krieges zurückverlegt, die Gestalt des Eremiten erfunden, die beiden Nachtgestalten der Novelle — Rudolf und Stelzfuß — in die noch dämonisch gesteigerte des Kaspar zusammengezogen, die Mutter Anna durch das junge Ännchen ersetzt, das Werk nicht tragisch, sondern versöhnlich enden lassen und ihm überhaupt erst die so wichtige volkstümliche Grundlage geschaffen. Das Freischütz-Libretto muß daher als überwiegend freie Benutzung der Novelle Apels gewertet werden, obgleich ohne diesen das unvergleichliche Gesamtwerk wahrscheinlich garnicht zustande gekommen wäre.

Wieder anders verlief der Schaffensprozeß am Text zu Schumanns „Genoveva". Reinick sollte das Libretto nach Hebbels Tragödie schreiben; er legte jedoch das dramatische Märchen Tiecks zugrunde. Schu-

---

[4]) bestr. man führt dagegen oft die Oper „Kaspar oder der Fagottist" eines Konkurrenztheaters an.

[5]) die verschiedentlich zwecks Vertonung dramatisch bearbeitet worden ist.

mann nahm nun selbst die Umarbeitung in die Hand und zwar unter besonderer Verwendung der Hebbelschen Gestaltung, insbesondere der Charakterentwicklung Golos, ohne jedoch die Spuren Reinicks und Tiecks verwischen zu können. Zur Zeit der Opernuraufführung (1850) lebten noch alle vier Autoren. Die Entscheidung darüber, wie sich die zwei Dichter und die zwei Librettisten — es handelt sich offensichtlich um Bearbeitungen — in die Werkverwertung teilen sollten, wäre bei einem eventuellen Prozeß einer Sachverständigenkammer, — falls damals von einem UG dafür vorgesehen —, keineswegs leicht gefallen.

Wagner hätte in dieser Hinsicht keinen Rechtsstreit zu führen brauchen. Sein dramatisches Genie entnahm den Vorlagen (Bulwers Roman zu „Rienzi", Heine's „Abenteuer des Herrn Schnabelewopsky" zum „Holländer", Tiecks Gedicht zum „Tannhäuser", Immermanns Epos zu „Tristan und Isolde", E.Th.A. Hoffmanns „Meister Martin und seine Gesellen" zu den „Meistersingern") nur Äußerlichkeiten, und auch das nur in vereinzelten Punkten. Abgesehen davon, daß er viel stärker als andere auf die — gemeinfreien — alt- und mittelhochdeutschen Vorlagen zurückgriff, verlieh er jedem Werke seine individuelle weltanschauliche Note prägte ihm seine Persönlichkeit auf und gab ihm seinen flammenden Atem, daß es sich bei seinen Textschöpfungen nur um freie Benutzungen — ähnlich Shakespeare — handeln kann.

Man kann solche Erwägungen als ästhetische Spitzfindigkeiten betrachten; man muß sie jedoch rechtlich zu würdigen wissen, sobald einer der Beteiligten seine Ansprüche, insbesondere die verwertungsmäßigen wie im Mascagni-Prozeß, geltend macht. Und da vor allem dann, wenn der Librettist vor und während der Vertonung seinem Komponisten nicht mitgeteilt hat, daß das Libretto nur eine Bearbeitung eines anderen Werkes darstellt, dessen Verfasser jetzt seinen Anteil am Gesamtwerk geltend macht. Nach der Werkvollendung wird der Komponist nicht nach §§ 325, 723 BGB vorgehen, auch nicht den Schaden aus positiver Vertragsverletzung, die an und für sich angesichts der schuldhaften Zerrüttung des Vertrauensverhältnisses gegeben sein mag, verlangen können. Aber der entstandene Schaden muß sich auf den Gewinnanteil (§ 722 BGB) des Librettisten auswirken. Gemäß § 8 sind die Hemisphären von Text und Musik festgelegt. Der produktive Anteil des Komponisten bleibt ja unverändert; somit kann dessen Quote nicht reduziert werden. Der sich hinzugesellende Dichter kann jedoch als dritter Miturheber eine Gewinnbeteiligung verlangen; innerhalb der Quote des zuvor vertragsuntreuen Gesellschafters, hier des Librettisten, muß dann die entsprechende Teilung erfolgen.

§ 14
Mehrheit von Komponisten und Librettisten[1])

Man muß hierbei zwei Hauptgruppen unterscheiden: ergänzende und umgestaltende Miturheberschaft.

Bei der ersten handelt es sich immer um Vollendung eines nicht abgeschlossenen Librettos oder Musikteiles. Der Vollendende oder auch nur Fortsetzende arbeitet auf das gleiche Ziel hin wie seine Vorgänger. Sie verbindet der gleiche Zweck, wenn auch der Einsatz der künstlerischen Mittel je nach der Individualität ein variabler sein mag. Beide sind demnach als Miturheber am fertigen Gesamtwerk anzusprechen. Daß sie an ihrem bruchstückartigen Arbeitsanteil ein Sonderrecht haben sollen, kann infolge der auch hier waltenden gesamthänderischen Gebundenheit nicht anerkannt werden. Aber wer es einmal bejaht, darf dann nicht inkonsequenterweise nur dem Erstautor an seinem Fragment ein gesondertes Recht zuweisen, es aber dem Vollendenden an dem seinigen absprechen mit der Begründung, daß im Gegensatz zum ergänzten Werk das ergänzende Werk „keines selbständigen Rechtsdaseins fähig ist"[2]). Wenn Schuberts „Unvollendete" nur aus Kopfsatz und Andante besteht, so läßt sich nicht einsehen, weshalb derjenige, der Scherzo und Finale dazuschreibt, nicht auch die beiden letzten Sätze für sich aufführen könnte; auf den ästhetischen Qualitätsunterschied kommt es hierbei nicht an. Wer aber meint, daß der Autor des zweiten Aktes einer Zweiaktsoper denselben allein nicht auf die Bühne bringen könnte, muß dieselbe Beschränkung auch dem anderen Autor des ersten Aktes auferlegen.

Astor[3]) und Schreyer[4]) haben sich im übrigen geirrt, wenn sie als Beleg ergänzender Miturheberschaft Glucks Ouverture zu „Iphigenie in Aulis" mit dem Schluß von Richard Wagner anführen. Wagner hat dem Stück, das unmittelbar in die Oper selbst überleitet, einen Abschluß zu Konzertzwecken gegeben[5]), wobei er lediglich das thematische Material der Anfangsakte verwandte, und auch das noch fast in Übereinstimmung mit dem Partiturbild. Wenn man so will, eine Bearbeitung, aber nicht mehr.

Die Operngeschichte weist jedoch Beispiele auf. Unter Librettisten fand nicht selten ein Wechsel noch während des Schaffensstadiums statt, wenn auch nicht in so grotesker Weise wie bei „Manon Lescaut", deren Libretto gleich auf vier geistige Väter verweisen kann[6]). Verdi

[1]) Die Überschrift des § 14 ist deshalb ungenau, da sie nur den Oberbegriff zu den hier aufgezeigten Fällen darstellt. Bereits im Schaffensstadium können mehrere Librettisten oder Komponisten zusammenarbeiten. Hier ist jedoch der Sachverhalt zu untersuchen, der nachträglich einen Autorenwechsel bei der Gesamtkollaboration eintreten läßt.

[2]) Astor S. 23; Schreyer S.15. [3]) S. 23. [4]) S. 14.

[5]) Ähnlich auch Mozarts Doppelfassung seiner Ouvertüre zu „Don Giovanni".

[6]) M. Praga, G. Giacosa, D. Oliva, G. Ricordi.

beispielsweise mußte nach Cammeranos Tode, der gerade mit der Abfassung des „Troubadour"-Textes beschäftigt gewesen war, Verhandlungen mit Bardare aufnehmen, der ihm dann noch den Schluß des dritten sowie den vierten Akt schrieb. Unter Komponisten ist ergänzende Miturheberschaft in der Hauptsache nur bei Todesfällen möglich und üblich; man will dadurch das Werk, insbesondere die Musik für die Bühne retten: Vollendung von Cornelius' „Gunlöd" durch W. v. Baußern, von Puccinis „Turandot" durch Alfano. Als Beleg sei ein kurzer Auszug aus dem Memorandum Glasunoffs von 1943[7]) zitiert:

„Nach dem Hinscheiden Borodins, am 15. 2. 1887, erinnerten wir uns seines letzten Wunsches und hielten es für unsere Pflicht, im Andenken für unseren Freund seine Schöpfung (gemeint ist die russische Oper „Fürst Igor"), die weit davon entfernt war, vollendet zu sein, zu Ende zu führen. Unsere Aufgabe war sehr schwer und verantwortlich.

Im Frühling 1887 machten wir uns an die Arbeit, die mehr als zwei Jahre dauern sollte. Wir kamen oft zusammen, um unsere Gedanken auszutauschen und gelangten endlich dazu, die Arbeit folgendermaßen zu verteilen: Rimskij-Korsakoff übernahm es, den Gang der Arbeit im allgemeinen zu überwachen und die mehr oder weniger fertigen Stücke zu vollenden, während ich mich mit der Ouvertüre und der völlig unabhängigen Komposition des größten Teiles des dritten Aktes beschäftigte.

Es geht daraus hervor, daß es sich bei unserer Arbeit nicht um ein gewöhnliches Arragement der Musik Borodins handelte, sondern um eine Arbeit, die einen großen schöpferischen Impuls voraussetzte; es ist nur selbstverständlich, daß wir uns auf Grund ihrer als Mit(!)komponisten des Werkes betrachten".

Als weiterer Fall kompositorisch ergänzender Miturheberschaft sei dann noch die nachträgliche Vertonung von Rezitativen in einer Oper, deren „Nummern" bereits komponiert sind, genannt. Mag auch diese Arbeit völlig an Bedeutung zurücktreten, wie es sich in „Carmen" erwiesen hat, so bleibt für eine rechtliche Betrachtung die Tatsache der neuen selbständigen Formgebung maßgeblich. Die ideelle Quote eines solchen Miturhebers müßte freilich relativ niedrig veranschlagt werden.

Hinsichtlich der Stellung des ergänzenden Miturhebers im Gesellschaftsverhältnis ist zu beachten: Stirbt beispielsweise der Komponist mitten in seiner Arbeit, so erlischt das Gesellschaftverhältnis. Der Librettist kann hier nicht einen zweiten Komponisten quasi als Ersatz an Stelle des Verstorbenen hereinnehmen; das widerspräche der persönlichen Gebundenheit an das Geisteswerk (vgl. § 7). Es muß also seitens des Überlebenden und eventuell der Erben des Verstorbenen ein neuer Gesellschaftsvertrag mit dem Ergänzenden geschlossen werden. Mit der Werkvollendung kommt dann den Erben der Reingewinn für die kompositorische Hemisphäre zu, gemindert freilich um die Quote, die der ergänzende Komponist

[7]) Vgl. Schweizerische Musikzeitung 1944 Nr. 11 S. 392ff.

gemäß seinem Arbeitsanteil beanspruchen kann. Als Gesellschafterpflichten wären Mitarbeit des Librettisten und des Zweitkomponisten an ihren Werkteilen sowie Bereitstellung des hinterlassenen Partiturfragmentes des Erstkomponisten seitens seiner Erben während des Schaffensstadiums zu bezeichnen.

Ist das unvollendet gebliebene Fragment bereits gemeinfrei (z. B. Komposition der Quadrupelfuge, des letzten Stückes aus Bachs „Kunst der Fuge" durch den Straubeschüler W. Gräser), so ist der Gedanke eines Gesellschaftsvertrages hinfällig.

Bei der zweiten Hauptgruppe würde es sich um die umgestaltende Miturheberschaft handeln. Sie ist die beinahe noch häufiger vertretene. Man erkennt sie äußerlich daran, daß man von „Fassungen" einer Oper spricht. Rechtlich muß sie ihrem Wesen nach wieder in Bearbeitung nnd freie Benutzung untergeteilt werden. Der Unterschied liegt darin, daß sich auf die neue Textbearbeitung die ausschließlichen Befugnisse (§§ 11, 12 II LitUG) mit erstrecken, auf eine Fassung, die als eigentümliche Schöpfung anzusehen ist, dagegen nicht. Mißlich wird die Lage dann, wenn auch der Komponist seinen Werkteil auf die neue Textfassung hin umgestaltet. Schreyer[8]) lehnt bei freier Benutzung Miturheberschaft ab, da eine Vermischung der Individualitäten nicht eintrete, bejaht sie aber bei Bearbeitung; aber auch bei der Bearbeitung wird sie im Schrifttum negiert[9]). Mit beiden Anschauungen gerät man jedoch innerhalb des musikdramatischen Werkes in die Enge, denn der Komponist hat ja mit beiden Textautoren zusammengearbeitet. Zwei voneinander getrennte Kollaborationen annehmen, hieße wenig sinnvoll folgern, obwohl daran festzuhalten ist, daß der Librettist der zweiten Fassung kein Urheberrecht an dem Libretto der ersten Fassung haben kann. Entscheidend bleibt auch hier die Tatsache des Gesamtwerkes, und man wird wieder einen Gesellschaftsvertrag anzunehmen haben, den der Komponist und der erste Librettist mit dem zweitenLibrettisten abschließen.

Verfehlt wäre es, in jedem Falle eine genaue Grenze zwischen Bearbeitung und freier Benutzung ziehen zu wollen. Halbwegs kann man sich da noch an Beethovens „Fidelio" orientieren, dessen zweite Fassung 1806 (von Breuning) sich als Bearbeitung, die dritte Fassung 1814 (von Treitschke) sich eher als freie Benutzung darstellen würde. Aber in der Regel erscheint die neue Textfassung überhaupt als freie Benutzung in den Details, mehr als Bearbeitung im Gesamtbild, sodaß man zu einer im Gesetz nicht vorgesehenen Mischform gelangt; freilich läßt sich mit einer solchen nichts anfangen, und man wird trotz aller Bedenken die Entscheidungen nach dem jeweils überwiegenden Moment treffen müssen.

Als bekannteste Beispiele sind auf Seiten der Librettisten Boito's Neufassung von Piaves Text zu Verdi's „Simone Boccanegra", auf Seiten der Komponisten die Überarbeitungen von Mussorgskijs „Boris Godu-

[8]) S. 16. [9]) z. B. Marwitz-Möhring Ziff. 3 zu § 6, S. 58, 59.

now" durch Rimskij-Korsakoff, Mozarts „Idomeneo" durch Richard Strauß sowie Monteverdis „Orfeo" durch Orff zu nennen.

Ein Muster an Unübersichtlichkeit in dieser Hinsicht bietet der „Oberon". Der von Planché in englischer Sprache abgefaßte und als solcher von Weber vertonte Originaltext wurde bei seiner Übersetzung in die deutsche Sprache von Hell teilweise neu gedichtet. Grandaur brachte sodann die in Prosa geschriebenen Rezitative in Versform, die schließlich von Wüllner unter Einbeziehung Weber'scher thematischer Splitter ebenfalls komponiert wurden. Auch noch andere, bisher unbekannt gebliebene Hände sollen dabei im Spiel gewesen sein. Abgesehen von der reinen Übersetzungstätigkeit haben sich alle Beteiligten miturheberrechtlich betätigt und alle müßten, sofern man ihr droit moral respektieren wollte, auf dem Programmzettel namentlich angeführt werden, obgleich klar zutage liegt, daß das Werk seine Unsterblichkeit ausschließlich dem Genius Webers verdankt und die Popularität nur in Verbindung mit seinem Namen bewahrt.

§ 15

Das Innenverhältnis im Rahmen der Berner Übereinkunft

Vergleichungen deutscher mit ausländischen Urheberrechtsnormen wurden an verschiedenen Stellen bereits angestellt. Daher sei hier nur noch dargestellt, was sich für das musikdramatische Autorenverhältnis im Rahmen der Berner Übereinkunft ergibt. Die in Berlin (1908) und Rom (1928) revidierte Berner Übereinkunft (1886)[1]) überläßt es der Urhebergesetzgebung der einzelnen Verbandsländer, ob Miturheberschaft im Sinne von § 6 LitUG oder nur Mehrurheberschaft im Sinne von § 5 LitUG vorliegen soll. Miturheberschaft wurde de lege lata für das deutsche Urheberrecht gefordert (vgl. § 4), das jedoch vom Gesetzgeber von 1901 gerade in anderer, hier für verfehlt angesehener Weise geregelt wurde und gegenwärtig — das muß leider festgestellt werden — mit der ausländischen Urhebergesetzgebung zum überwiegenden Teile übereinstimmt. Alle restlichen Staaten haben sich hingegen nach dem französischen Vorbild der „Collaboration"ausgerichtet.

Die Schutzfristdauer selbst bietet dabei kaum Probleme. Autoren von Staaten, die entgegen Art. 7 I der revidierten Berner Übereinkunft (RBÜ) keine fünfzigjährige Frist[2]) eingeführt haben, können in anderen

[1]) Die Brüsseler Fassung (1948) ist in Deutschland gegenwärtig noch nicht geltendes Recht.

[2]) Deutschland war 1934, die Schweiz 1946 zur fünfzigjährigen Schutzfrist übergegangen. Die Fristerweiterung auf fünfzig Jahre ist im Interesse der Urheber zu begrüßen; sie im völkerrechtlichen Maßstab wirksam zu machen, wäre schon um der damit verbundenen weiteren Konsolidierung des droit moral des schöpferischen Menschen eine Aufgabe der dazu Berufenen gewesen; Art. IV des Welturheberrechtsabkommens v. 6. 9. 1952, der eine Schutzdauerbegrenzung auf fünfundzwanzig Jahre — gegebenenfalls bereits vom Zeitpunkt der Erstveröffentlichung an gerechnet — gestattet, erweist sich deshalb in dieser Hinsicht als bedenklicher Rückschritt.

Verbandsländern nur die Schutzdauer für ihre Werke beanspruchen (lex fori), die dem ihres Ursprungslandes (lex soli) entspricht. Die Werke eines Bulgaren können z. B. auch in Dänemark nur auf dreißig Jahre nach seinem Tode hin geschützt werden. Andererseits kann der Angehörige eines Staates, der einen längeren als den fünfzigjährigen Urheberschutz eingeführt hat, seitens des um Schutz ersuchten Verbandslandes nicht die gleiche lange Schutzdauer verlangen, sondern muß sich nach dessen Regelung richten; die Werke des 1891 verstorbenen berühmten spanischen Novellisten Alarcon[3]) werden in Frankreich nicht etwa bis 1971, sondern nur bis zum Ablauf des Jahres 1941 geschützt. Das ergibt sich aus Art. 7 II RBÜ.

Die Fragestellung nach Miturheberschaft oder Mehrurheberschaft wird aber bereits bei Erfüllung des Tatbestandes des Art. 4 I — und in der Umkehrung des Art. 6 I RBÜ — wichtig. Ist nämlich nur einer der musikdramatischen Autoren Verbandslandesangehöriger, so genießt der andere Mitautor bei Miturheberschaft den gleichen Schutz automatisch, bei Mehrurheberschaft — d. h. bei getrennten, nur miteinander verbundenen Werken — müßte er um Schutz durch die Veröffentlichung seines Werkteiles gemäß Art. 6 I RBÜ überhaupt erst gleichsam nachsuchen, während dem Verbandslandesangehörigen, dem anderen, der Schutz ipso jure gemäß Art. 4 I RBÜ zusteht.

Abs. I des Art. 7b RBÜ bemißt die Schutzdauer eines in Miturheberschaft geschaffenen Werkes in Übereinstimmung mit fast allen Urhebergesetzen nach dem Tode des Letztlebenden; Absatz II kann demgegenüber kaum Anwendung finden, denn nur Großbritannien gewährt eine „geringe Schutzdauer", da dort der Todeszeitpunkt des erstversterbenden Miturhebers maßgebend ist. Allerdings kann sie in solchen Fällen gemäß Absatz III niemals zu Lebzeiten des Letztversterbenden ablaufen[4]).

Es fragt sich nun, ob z. B. die musikdramatische Autorenschaft, im geltenden deutschen Recht Mehrurheberschaft (§ 5 LitUG), beispielsweise in Frankreich ebenfalls als solche oder als Miturheberschaft, wie es der französischen Gerichtspraxis entspricht, aufgefaßt und gehandhabt wird. Die RBÜ hat diesen Zweifelspunkt nicht geregelt. Wenn man sich dafür entscheidet, die Normen des Ursprungslandes (lex soli) zur Anwendung kommen zu lassen, so geschieht das einzig aus der praktischen Erwägung heraus, daß der Verwertungsmodus für dasselbe Werk in der gesamten Welt ein rechtlich einheitlicher sein soll; es soll nicht in einem Land zerrissen, im anderen ungeteilt behandelt werden.

Man wird nun darauf hinweisen, daß die Anschauung vom musikdramatischen als einem in zwei selbständige Teile getrennten Werk sich bei der Mehrzahl der Verbandsländer durchgesetzt habe und deshalb im internationalen Rechtsverkehr überhaupt zu akzeptieren sei. Einheitlichkeit ist

[3]) Vgl. droit d'auteur 1915 Nr. 11, S. 130.

[4]) Absätze II und III entfallen, sobald die Brüsseler Fassung in Kraft tritt.

durchaus zu begrüßen, aber falls sie einmal realisiert werden sollte, dann auf die einzig richtige Weise, wie sie sich aus dem Wesen der Oper und des Musikdramas ergibt. Es ist deshalb nicht nur für Deutschland de lege lata zu fordern, sondern auch für sämtliche Verbandsstaaten zu wünschen, daß sich das französische Prinzip generell durchsetzt. Die Gesetzgeber der Verbandsländer brauchen sich dabei keiner sonderlichen Mühewaltung zu unterziehen, sondern die Miturheberschaft an gemeinsam geschaffenen Werken, wie sie in jedem Urhebergesetz vorgesehen ist, lediglich auf das Verhältnis Komponist-Librettist ausdehnen. Es geht auf die Dauer nicht an, daß eine von einem Deutschen textlich verfaßte, von einem Franzosen vertonte Oper in beiden Ländern verschieden rechtlich gewürdigt wird. Wenn je, so fällt der Oper als einem schon durch Tradition geweihten internationalem Kunstfaktor die wichtige Aufgabe zu, das völkerverbindende Moment zu pflegen und dessen wünschenswerten Erfolg nicht gleich zu Anfang durch solche juristische Unebenheiten beeinträchtigen zu lassen.

Läuft die Schutzdauer für das Urheberrecht an der Librettoübersetzung, die der Angehörige eines Verbandslandes vorgenommen hat, zu einem bestimmten Zeitpunkte nach dessen Tode ab, wird die Übersetzung nicht gemeinfrei, solange das Originalwerk des — einem Verbandsland angehörigen — Librettisten noch Schutz genießt. Das Recht des Librettisten stellt sich nach Aufhebung der Belastung gemäß seiner Elastizität wieder in seiner ursprünglichen Kapazität her[5]). Auch hier wäre zu fordern, daß die Übersetzung nicht schon gemeinfrei wird, wenn — in der Regel — fünfzig Jahre nach dem Tod des Librettisten verstrichen sind, sondern nach dem Tod des letztversterbenden Opernautors, der auch der Komponist sein kann; im vorliegenden Fall war jedoch Bizet bereits vor seinen Librettisten verstorben. Umgekehrt kann je nach der Lage des Einzelfalles das Autorrecht an der Übersetzung auch später gemeinfrei werden als das am Opernwerk. Dann erübrigen sich miturheberrechtliche Gesichtspunkte.

§ 16
Ergebnis

Im Vorliegenden wurde versucht, gestützt auf fachhistorische Belege sowie unter Berücksichtigung der ausländischen Gesetzgebung, einen Überblick über Wesen, Sinn, Funktion und Auswirkung des Rechtsverhältnisses zwischen Komponist und Librettist zu geben.

Auszugehen war (§ 2) von der Interessenlage[1]), wie sie sich aus der künstlerischen Praxis ergibt. Untersuchungen der Wesensverwandtschaft zwischen Wort und Ton ermöglichten es, das Oper wie Musikdrama gleicherweise umspannende musikdramatische Einheitswerk (§ 3)

---

[5]) Vgl. sog. „Carmen"-Entscheidung des RG 71/92ff.

[1]) de Boor I. S. 31ff.; de Boor II, S. 11ff.

festzulegen und es im Gegensatz zur herrschenden Ansicht des Schrifttums de lege lata unter § 6 LitUG zu verweisen.

Eine gewisse Stütze bot dabei die französische Gerichtspraxis, die sich garnicht als so „natürlich ganz verfehlt“ darstellt, wie Petzl[2]) meint. Somit mußte einer Ansicht wie beispielsweise der Schreyers widersprochen werden, derzufolge zwischen Libretto und Vertonung „eine wahre Verbindung nicht eintritt; denn die Musik vertieft nicht den Text, ergänzt ihn nicht und verallgemeinert ihn auch nicht“[3]). Das hätte Mozart hören müssen!

Ein Anschluß an die Ansicht von Marwitz-Möhring[4]), die die Arbeit eines Miturhebers danach bemessen, ob sie ein wesentlicher Bestandteil (§ 93) des Ganzen ist oder nicht, ließ sich ebenfalls nicht billigen; der Unterschied zwischen toter Sache und Geisteswerk als Abglanz der lebendigen Persönlichkeit, der nicht genug betont werden kann, mußte eine Ablehnung des vom Gesetz (§§ 6 LitUG, 741ff. BGB) vorgesehenen Bruchteilsprinzipes und dessen Ersetzung durch das Gesamthänderprinzip (§ 5, 6) zur Folge haben, da sich das junge Urheberrecht kaum in Jahrtausende alte, großenteils dem römischen Recht entnommene Gemeinschaftsnormen einspannen ließ. Auf das rechtsgeschäftliche wie faktisch entstandene Gesellschaftverhältnis (§ 6), das vorteilhaft den Schaffensstadium wie Verwertungsstadium umfassenden Gesamtvorgang zu decken vermag, ließen sich die §§ 705ff. BGB im einzelnen (§ 7) nur deshalb nicht überall zweifelsfrei anwenden, da sie auf hauptsächlich wirtschaftlich ausgerichtete Gesellschaften zugeschnitten sind. Dennoch gelangte man bei folgerichtiger Anwendung des Gesamthänderprinzipes fast immer zu angemessenen Resultaten, auch was die Gewinnanteile (§ 8), die Urheberrechtsverletzungen (§ 9) und schließlich auch das Hinzutreten weiterer Miturheber (§§ 13, 14) anlangt. Während sich im Gefolge verschiedener Nebenstimmungen des LitUG Tendenzen feststellen ließen, die dem Librettisten anstelle seiner zu früheren Zeiten gepflogenen Subordinierung volle Gleichberechtigung neben dem Komponisten gewahrt wissen wollen (§§ 10, 11), gab die verfehlte Schutzfristregelung (§ 12) auch in Anbetracht der entsprechenden ausländischen Urhebergesetzgebung im Rahmen der Berner Übereinkunft (§ 15) zu manchen Zweifeln Anlaß.

Entscheidet man sich einmal für Miturheberschaft der musikdramatischen Autoren, so gelangt man entgegen Astor[5]), wie aufgezeigt wurde, zu ganz anderen Ergebnissen, als wenn § 5 LitUG Anwendung findet. Es wäre zu wünschen, daß die kommende deutsche Urhebergesetzgebung das Verhältnis Komponist-Librettist in die dem geltenden § 6 LitUG entsprechende Bestimmung übernimmt. § 5 LitUG hat durchaus seine Berechtigung (vgl. § 4a, 4b), aber man darf nicht der Einfachheit halber verschieden gelagerte Fälle rechtlich unterschied-

[2]) S. 49. [3]) S. 26. [4]) Ziff. 3 zu § 6, S. 58.
[5]) S. 27.

los würdigen. Die Interessenlage der Beteiligten ist primär zu berücksichtigen. Empfehlen würde sich, im Gegensatz zu den „miteinander verbundenen Werken der Literatur und Tonkunst" wie Melodramen, Schauspielmusiken, Balletts usw. hierbei nur vom musikdramatischen Einheitswerk innerhalb eines gesonderten Abschnittes zu sprechen. Der Hauptabsatz des Miturheberrechtsparagraphen hätte infolge der Einbeziehung des Schaffensstadiums auf die §§ 705ff. BGB statt auf die §§ 741ff. BGB zu verweisen. Neben Korrekturen der geltenden §§ 20 I, 22 II S. 2, 28 II, 30 LitUG wäre bei einer eventuellen Bestimmung über das droit moral — vgl. § 12 des Entwurfes v. 1932 — die Fixierung zu fordern, daß dasselbe den Miturhebern gesamthänderisch gebunden zusteht.

FSC
www.fsc.org
MIX
Papier | Fördert gute Waldnutzung
FSC® C083411

Kolibri 360 GmbH
Ferdinand-Jühlke-Straße 7
99095 Erfurt, Deutschland
produktsicherheit@kolibri360.de